浙江省哲学社会科学规划课

现代大学治理的内部监督制约机制研究

XIANDAI DAXUE ZHILI DE
NEIBU JIANDU ZHIYUE JIZHI YANJIU

顾建亚 ◎ 著

ZHEJIANG UNIVERSITY PRESS
浙江大学出版社

目　录

导　论
——贪腐·治理·监控

一、高校成腐败重灾

腐败,简而言之,是指公职人员利益交换式的以权谋私。《联合国反腐败政策手册》这样定义腐败:"和政府责任及其他人的权利相违背,一种有意获得利益的行为。"[①]腐败的表现形式主要有贪污、受贿、欺诈、勒索和偏袒五种。无论是政治腐败、立法腐败还是行政官僚腐败,都涉及公共部门与私人之间通过交易使集体利益被非法地转换成个人利益。除了金钱,这些利益还可以是保护、优待、表扬、升迁等方式;在大多数情况下,交易的特点是保密。腐败意味着金钱就是话语权,因而严重损害公平,有害于国家以及民主的健全。

此前,腐败的关注焦点在政治、经济、社会领域。事实上,在教育特别是高等教育领域,腐败问题由来已久,但长期以来,教育并不被人们认为是腐败的主要发生地。在很多国家,人们认为在教育界发生的腐败问题少于警察、司法、海关等领域。正如美国著名高等教育学者菲利浦·阿尔特巴赫指出的那样:"高等教育中的腐败问题是一个学术界谈论不多的话题。"[②]但近些年来,教育腐败逐渐成为世界各国政府反腐的重点,联合国在2007年就发出了一份名为《学校腐败:出路在何方》的报告,警告全球教育领域腐败现象严重,已经到了刻不容缓的程度,必须予以高度重视。[③]

---

① Shinichiro Tanaka. Corruption in education sector development: a suggestion for anticipatory strategy. The International Journal of Educational Management. April 15, 2001: P. 158.

② Philip G. Altbach. The Question of Corruption in Academe. International Higher Education, Winter 2004. http://www.bc.edu/bcorg/avp/soe/cihe/newsletter/News34/text004.htm 2006-12-1.

③ 胡明明:《高校腐败的社会危害性及其治理》,《武陵学刊》2011年第1期。

　　教育腐败是指,在教育活动领域中,一些人借用自己所掌握的教育行政权力和教育资源的管理权力,进行以谋取个人利益或小团体利益为特征的营私舞弊、以权谋私、权钱交易、贪污贿赂等活动。[①]在联合国《学校腐败:出路在何方》的报告中,把教育腐败界定为"系统地利用公职牟取私利,从而影响教育物品和服务的可获取性、教育质量和教育公平"。这一定义包含三个要素:一是基于公共管理领域腐败的普遍定义,即"利用公职牟取私利";二是指行动范围受限制,体制失灵;三是行为与后果之间有一种联系。比如,可利用资源减少、质量下降以及不平等分配。[②]社会普遍存在教育公平原则,因所有文化以不公平为耻,在一些情况下,羞耻可以使人免于明目张胆。但即便如此,腐败依然没有得到解决,并像癌细胞一样扩散,直至信任被掏空,教育投资价值大幅下降。尽管腐败本身难以量化,但对于腐败的感知却是可以量化的,一国公众对腐败的感知极大地降低了高等教育带来的收益。发生在高等教育领域的腐败,扭曲了决策程序,减损了服务效率和质量,增加了交易成本,破坏了社会和谐,这给国家的政治、经济和社会发展带来负面影响是显而易见的。

　　在中国,高等教育腐败同样是一个不容回避的事实。2010年的《中国教育蓝皮书》曾指出,"高校已经成为腐败犯罪新的高发区"。各地大学腐败案件频频被曝光,原本清净的高等学府却成了腐败案件的频发地,触动了全社会的神经。笔者统计中纪委网站"纪律审查"栏目公布的落马官员,仅2014年,除党校及农科院等机构外,直接被通报的高校领导总数就达到27人。若加上党校、农科院等及地方纪委通报的高校腐败案件,高校腐败领导人数则近40人。根据教育部监察局的通报,高校腐败呈现出"作案手段趋向隐蔽,作案持续时间长,贪腐次数、涉案金额、涉案人员多"等特征,主要集中在招生、基建、后勤等领域。高校是教书育人的神圣殿堂,本应成为传播精神文明的圣洁之地,然而近年来高校发生的腐败现象对高等教育的发展产生了恶劣的影响,引起了社会各界的广泛关注。震惊之余,人们不禁责问——教育体制为何对腐败是脆弱的?

[①] 张家勇、张家智:《联合国国际教育规划研究所"教育伦理和教育腐败"专题研究综述》,《比较教育研究》2006年第5期。

[②] Jacques Hallak, Muriel Poisson. Corrupt schools, corrupt universities: What can be done. http://unpan1. un. org/intradoc/groups/public/documents/UNESCO/UNPAN025403. pdf.

腐败问题,是一个涉及多方面的问题,其表现形式也多种多样。教育是一种重要的公共物品,是一种紧缺资源,教育腐败包括获取私人利益和物质两方面的权力滥用。除具备一般腐败的特征外,教育腐败的特殊性在于其并不一定通过贪污、受贿等方式存在,比如还可通过教育职能、提供物质和服务、职业行为不端、对税收和财产的处理,甚至教育教学秩序的混乱等途径,所以,产生教育腐败的机会较大。

教育腐败是偷盗未来,因为它将未成年人或年轻人牵涉其中,与培养尊崇法律与人权之公民的教育目的相悖。从社会发展的角度看,它比警察腐败、海关腐败或其他领域的腐败更加糟糕。倘若教育体制本身是腐败的,则不难想象未来的公民也是腐败的。显然,腐败必然是有代价的。[①]高校承担青年的道德发展任务,负有形成他们正直的、有道德的价值规范的重要职责,教育腐败极大地损害了大学生们以受教育为目的而做出的努力,让年轻一代误以为个人成功不是由于个人的优点而是由于得到偏袒、行贿和欺骗等行为。长期以来,全世界的大学,基于自治权力、学术自由和社会支持,致力于公共事业而享有正直声誉,在普通的民众心中享有崇高的地位,拥有着"象牙塔"的美誉。然而,当种种腐败现象破坏教育公正理想,大学在普通的民众心中的崇高地位开始动摇,国家的经济、文化、社会凝聚力受到严重的破坏。

随着高等教育步入面向社会自主办学之路并获得蓬勃发展,高校中的腐败现象在数量上、程度上和范围上均呈现上升和扩大的趋势,已经成为需要加大力度重点惩防的领域之一。[②]如果不能从根本上治理高校腐败,加强预防腐败机制建设,高校腐败的蔓延趋势就很难得到有效控制。长期以来,我国高等学校积极推进惩治和预防腐败体系建设,廉政建设和反腐败工作取得明显成效。但同时,我们也要清醒地看到,高等学校违纪违法案件仍然易发多发,腐败蔓延势头尚未根本遏制,有的问题性质严重、影响恶劣。腐败治理工作任重而道远。

---

① Stephen P. Heyneman, Kathryn H. Anderson, Nazym Nuraliyeva 著:《高等教育腐败的代价》,刘培译,《复旦教育论坛》2009年第4期。

② 侯新鸿:《构建有效制约监督权力运行机制是搞好高校惩防体系的关键》,天津市监察学会秘书处,编:《反腐败实践与研究》,天津人民出版社2007年版,第214页。转引自:贺宝玉、刘自强:《高校建立决策、执行、监督"权力三分"体制的构想》,《前沿》2013年第8期。

二、高校贪腐反映治理失灵

腐败是一种普遍的病态行为,对于任何一个国家而言,贪腐都是一个永续存在的现象,只是在程度上有所差异而已。因此反腐败也成为一项国际性的运动。历史证据表明,反腐败的企图与腐败本身一样古老和悠久。从世界范围各国反腐的举措来看,腐败的防范与治理主要可包括对权力滥用的控制、个体对公平正义的追求(法治社会、核心价值等)、个体对自身利益的保障等层面。[①]反腐斗争成果微弱,部分归因于人们或国家对腐败成因、后果与治理的有限认识。腐败最根本的影响因素无非是薪酬和监控两方面,从长远看,经济发展能减少腐败;但就当前而言,主要是反腐机制不够清晰明朗。监督与问责机制乏力,加之缺乏外部审计和司法审查制度,从而减少了发现、阻止腐败的机会。

贪腐反映治理失灵,反腐也因此必须由治理结构的变革做起。治理一词来源于拉丁语,主要指"统治"或"掌舵"。20世纪90年代,治理作为一个学术概念在西方世界被正式提出后,迅速传遍了全球。某种意义上,当代是一个需要治理并产生了治理的时代。[②]关于治理的定义,考夫曼考虑了四个参数:话语和责任、规制质量、法治、腐败控制。[③]由此可见,反腐是治理的题中应有之意,腐败控制是治理的重要内容和参数,良好的治理必然致力于腐败控制。

美国学者克利特加德曾给出一个公式:腐败条件=权力垄断+自由裁量权-责任制(公众参与)。从这个公式可以看出,腐败产生的条件是:权力者享有垄断权和自由裁量权,同时又无需对滥用权力负责任,且缺乏公众监督。如果要破除腐败的条件,就要打破官员对权力的垄断,压缩自由裁量的空间,严格官员滥用权力的责任,提高权力运行的透明度和公众参与度。权力垄断和缺乏问责机制助长了教育实践中的腐败。腐败与垄断的、裁量的权力有关,与治理不善、监督低效、信息公开不力、缺乏透明度等有关。由此可见,腐败治理的关键在于控制权力滥用。高校腐败的治理亦如此。从权力的角度分析,腐败的核

---

① Jen Chr. Andvig, Odd-Helge Fjeldstad. research on corruption: a policy oriented survey. Commissioned by NORAD, final report, December 2000.

② 王建华:《重思大学的治理》,《高等教育研究》2015年第10期。

③ Jacques Hallak, Muriel Poisson. Corrupt schools, corrupt universities: What can be done. http://unpan1. un. org/intradoc/groups/public/documents/UNESCO/UNPAN025403. pdf.

心问题就是权力的腐化,即权力拥有者把权力变成了谋取个人私利的工具。一种普遍的观念认为,高校是清水衙门,没有任何腐败的可能,当然也就不需要监督。受此观念影响,高校内部管理经常在半封闭的状态下自我运转,接受监督较少。

中世纪至今,大学存续已历千年。大学自治和学术自由是大学组织的基本特征和核心精神。大学自治权的实现与两方面因素紧密相关:一是大学自身内部治理结构;二是大学外部治理结构。大学是一个有机的组织体,需要具有完备的组织结构体系,并保障整个体系功能的实现。高校腐败事件的多发恰恰说明了,当前国内高校管理及其内部治理结构均存在着弊端。长期以来,研究者较多地关注高等教育如何适应经济发展和社会建设问题,而对于高校内部治理结构问题缺乏深入的认识和把握。高校腐败治理的核心是完善内部治理结构,改变监督低效现象,完善权力监督制约机制,规范和保障权力合法正当运行。在我国,教育腐败治理的主要路径是:在推进和保障大学自治的前提下,立足于完善中国特色现代大学制度之目标,以章程建设与实施为载体,完善高校内部治理结构,主要通过科学配置内部权力实现权力制约,强化内部监督权的职能,健全内部职权监督与民主监督机制,并以效率、透明和问责为保障,以实现大学自主权的合法、规范、高效运行。

与西方国家不同,我国大学权力结构是以行政管理机构为中心的,而且随着大学独立法人地位的确立,高校行政机构在招生录取、经费使用、学科发展、项目安排、物资采购、干部聘任等方面拥有的自主权越来越多,但广大师生的监督仍处于虚置或微弱状态。由此,决策机构大权独揽和监督缺位,必然滋生腐败。大学基本都设有监督部门和监督制度,但权力过于集中缺乏制约,权力运行缺乏监督,上级疏于监督,下级不敢监督,广大师生难以正常行使其监督权,致使某些案发率较高的部门屡屡发生职务犯罪。①随着我国高等教育体制改革的深入和高校独立法人地位的确立,高校的自主权越来越多,高校领导和职能部门的权力也越来越大,而对这些权力的制约,却没有及时有效地跟进。尽管高校反腐倡廉的活动已相应开展起来,但对其内部权力的监督和制约仍与要求

---

① 程刚:《论教育腐败》,《浙江社会科学》2009年第10期。

存在较大差距,这些体制不完善、法规不健全等方面出现的问题,使个别领导一旦大权独揽,就将学校的发展机遇当成谋取个人利益的机会,走向腐败。

三、置权力于监控之下

英国的阿克顿爵士有句名言,即权力导致腐败,绝对权力导致绝对腐败。不论是出于何种原因、导致何种影响的腐败,都是权力滥用的结果。既然腐败问题与权力有密切联系,那么,惩治腐败,就必然要惩治权力腐败。关于如何惩治,可能会有许多方式,但其中最重要的就是要加强对权力的制约和监督。[①]

长期以来,教育活动是法制监督和社会监督的"盲区",仅靠学校管理人员和教师的自尊、自洁和自律来保证。在当今教育腐败猖獗的背景下,这种现状必须改变,亦即,教育活动必须加强监督,努力建立预防监督系统。[②]有效的监督制约是公共权力规范运行的根本保障,也是治理腐败之关键。对于高校来说,办学权这一依据教育法的规定而行使的公共权力受监督制约的程度,是决定办学权运行的廉洁水平,以及是否具有可持续的腐败"免疫力"的关键指标。当前高校腐败之所以频频发生且不断蔓延,根本上肇因于高校办学权受监督制约的力度不足,效能不彰,权力在监督盲区中自由伸展。[③]教育腐败的重要原因也在于权力滥用,因此加强对权力的控制是高校权力规范运行的根本保障,也是治理腐败之关键。

对高校腐败而言,权力滥用正在侵蚀大学自治的外部和内部空间,成为悬在大学自治上空的"达摩克利斯之剑"。为与腐败作斗争,需要"健全权力运行制约和监督体系",把权力置于控制之下,关进制度的"笼子"。对于高校而言,如何建立科学的权力运行机制和有效的监督体系尤为重要,这不仅是其未来反腐倡廉建设的重要任务,也是保障高校始终成为传播精神文明净土之地的基础。近年来,随着国家对高等教育投入的加大和高校办学自主权的扩大,高校可自主支配的资源愈来愈多,高校领导者的权力也相应在增加,与此同时,高校

---

① 刘作翔:《廉政与权力制约的法律思考》,《法学研究》1991年第5期。
② 程刚:《论教育腐败》,《浙江社会科学》2009年第10期。
③ 尹晓敏:《透明度、权力监督与高校腐败治理》,《高等教育研究》2012年第10期。

发生的消极腐败现象也逐渐增多。在大学内部没有形成良好的治理模式的情况下,把权力下放大学只能导致权力的垄断和滥用。

面对层出不穷的高校贪腐问题,我国教育主管部门提出了严厉的管束措施。2014年10月中共教育部党组《关于深入推进高等学校惩治和预防腐败体系建设的意见》指出,要推进高等学校治理体系和治理能力现代化,强化重点部位和关键环节监管,加强廉政风险防控,铲除滋生腐败的土壤。推进教育、制度、监督综合发力,形成"不想腐、不能腐、不敢腐"的有效机制。规章制度不能杜绝所有腐败现象,但是可以阻止腐败泛滥。因此,理顺高校管理与监管体制,加强高校内部治理水平,也就成为十分迫切的问题。

在保证外部力量的支持与监督功能正常实现的情况下,大学核心竞争力的形成,关键在于大学制度的自我修正性。完善内部治理结构,加强大学自我监督,这才是防范高校腐败之王道。我们的内部监督出了什么问题? 在我国,一些高校权力过于集中,权力运行相对"封闭",内部监督流于形式。权力的运行缺乏有效的监督必然带来问题:一方面,校级管理者可能产生的短期行为得不到及时纠正会给学校发展带来风险;另一方面,校级管理者可能发生的权力寻租会殃及教育的公益性,以及有损大学的形象。①因此,理顺高校管理与监管体制,加强高校内部治理水平,加强高校权力运行内部监控是事关高校发展的重大课题。只有在理顺高校外部监管与内部治理的情况下,高校的权力运作及其监督才可能步入更为顺畅的轨道,高校腐败现象也才可能得到有效遏制。

大学的治理,从法律层面来讲,就是权力的分配与制衡。权力监督是权力有效运行的保障,在高校权力运行的内部管理中,广大教师和学生是权力监督的直接力量。建立高校权力运行制约监督机制,是权力治理的重要制度安排。本书的研究立足于世界范围的大学自治,为推进我国现代大学制度建设,主要探讨与分析了大学自治、章程治理、内部治理,专门监督、民主监督与执行监督等内容,旨在保障大学自主管理权的合法规范运行,以更好地面向社会自主办学,提升办学的活力与竞争力,营建公平公正的教育法治环境。

世界高等教育的竞争,在很大程度上就是管理体制的竞争。这是因为,体

---

① 于文明:《深化我国公立高校内部治理结构改革的现实性选择——基于多元利益主体生成的视角》,《教育研究》2010年第6期。

制对于人才发展与科技创新具有决定性作用,它可以催发优秀人才脱颖而出,也可以扼杀人才的成长。因此,世界科学发展之竞争,在很大程度上体现为学术机制的竞争。各国发展的成功经验表明,充满活力的高校学术机制,必然是权力平衡、相互监督制约的协同结构体制。而这一体制的实现,离不开大学自治的落实、内部治理的完善和权力运行的规制。哈佛大学前校长德里克·博克在论述美国高等教育制度时也指出,美国制度显著的特点依次是:"自治"、"竞争"和"反应能力",自治是竞争的基础,院校之间相互的竞争反过来又保存和加强了大学自治的特点,而自治和竞争的存在则提高了美国高等教育的迅速反应能力。①现代大学只有真正实现民主高效的内部治理,切实控制高校腐败的发生,才能增强学校活力和竞争力,从而使学校回归清净的学术天堂。

---

① 〔美〕德里克·博克:《美国高等教育》,乔佳义译,北京师范大学出版社1991年版,第3—11页。

第一章

大学自治:大学·自治·自主

大学是一古老而又年轻的机构,自治与大学相伴生,坚持大学自治的理念,早在中世纪大学里的学者心中已深深扎根。大学发展绵延至今,期间遭受了外界的种种冲击和自身变迁,正是大学自治理念的力量使得大学坚持自己的方向。现代大学制度建设是对自治价值与学术自由的理想追求,"理想的本质就是在于时刻召唤人们脱离盲目平淡的日常现实,上升到圆满的观念世界"①。

一、大学与自治

大学是人类社会创造出的最复杂的组织机构之一。现代大学源自于中世纪的欧洲,是中世纪时代留给人类最宝贵的财富。大学从其产生之日起,就以自治为精神追求,自治传统历史悠久,几百年来一直被西方大学奉为圭臬的学术传统和基本理论。

(一) 什么是大学自治

1. 大学的产生

一般认为,大学精神发轫于古希腊时期,即柏拉图创办的"阿加德米(Academy)学园"和亚里士多德建立的"吕克昂(Luceion)";在中国,亦可回溯至汉代的"太学"、宋代的"书院"等。②真正意义上的大学则起源于中世纪的欧洲,是中世纪时代留给人类最宝贵的财富。在中世纪的历史背景下,宗教势力遍布欧洲。许多年轻人走进教会学校并开启了自己的职业生涯。中世纪的知识分子群体

---

① 陈洪捷:《德国古典大学观及其对中国的影响》(修订版),北京大学出版社2006年版,第67页。
② 湛中乐、徐靖:《通过章程的现代大学治理》,《法制与社会发展》2010年第3期。

规模日益扩大，并在宗教外衣的掩护下逐渐获得越来越多的学者特权。至12世纪下半叶，欧洲学者社群形成了自己的组织即大学。①被誉为"伟大的原型大学"的巴黎大学，以及博洛尼亚大学、牛津大学和剑桥大学是现代大学之源。

大学初现时，是相对独立于世俗社会的。13世纪末的多米尼克修会修士、爱尔兰的托马斯写道："巴黎城就像雅典，分成三部分：第一，商人、手工业者和普通百姓，名为大城；第二，宫廷周围的贵族和大教堂，名为旧城；第三，大学生和教员们，名为大学。"②

与其他社会机构不同，大学是"教师和学生的社团和协会"，是从事高深学问的机构，学术性是其根本特性，承担着探索真理、追求知识的使命。自由自主是学术活动固有的本质，如同大学的DNA。大学必须按照其自身所具有的规律去发展，对规律的遵守是大学得以健康生存和发展的基础，否则就不能称其为大学。③正如布鲁贝克所言："失去了自治，高等教育就失去了精华。"④加拿大学者许美德将"学校自治"和"学术自由"作为西方大学的基本价值取向，并指出其作为"历史遗产的组成部分被延续下来"，大学组织的意义首先应该是作为"专门化"和"学术性"组织，其次才是行政组织。⑤

中世纪大学主要有两种发展模式，即"先生型"大学和"学生型"大学，两者都以其特有的姿态诠释着大学自治的理念。以巴黎大学为代表的"先生型大学"本质上是一个专业人士的合作组织，推行的是教授治校，大学教师有参政权，有颁发特许证的权利，可参与大学的行政管理，如规定教学科目，颁布教师证书，授予学位，选任人员等。早期的教师会可以完全决定本学科事务，教会与校长均无权过问。无论是接受学生、讲课辩论以及考试评价，都是教授说了算，大学的大部分事务也由教师会决定。⑥博洛尼亚大学开创了"学生型"大学的办学模式，即以学生为中心并满足市场需要为目标的大学，是学生们的自治组织，其中学生行会有自己制订的规章制度，用以调整他们的学习生活和内部关系，

---

① 崔延强、邓磊：《论大学的学术责任——现代大学学术研究的四重属性》，《教育研究》2014年第1期。
② [法]雅克·勒戈夫：《中世纪的知识分子》，张弘译，商务印书馆1996年版，第66页。
③ 张俊宗：《现代大学制度与我国高等教育改革》，《天水师范学院学报》2002年第6期。
④ [美]约翰·S.布鲁贝克：《高等教育哲学》，王承绪等译，浙江教育出版社1987年版，第28页。
⑤ 湛中乐：《现代大学治理与大学章程》，《中国高等教育》2011年第9期。
⑥ 张慧明：《中外高等教育史研究》，湖南大学出版社1998年版，第235页。

每个学生都有权利从行会中选举出院长和聘任教师。随着时间的推移，"学生型大学"模式几乎已经消失，只有在英国苏格兰一些古老的大学里仍然可以看到他们的一些影子。但是"先生型大学"模式却保留了下来。

2. 大学自治的含义和特征

"自治"在《布莱克维尔政治学百科全书》中被解释为："某个人或集体管理其自身事务，并且单独对其行为和命运负责的一种状态。"①根据自治内涵与权限，大学自治基本可分为绝对自治和相对自治两类。绝对自治是一种理想化状态下的完全自治，是指大学作为独立法人机构而自我规制，不受政府、教会或其他任何机构的控制或干预，能够独立地决定自身的发展目标和计划并付诸实施，包括自由实施自我管理、任命主要官员、决定教职员待遇条件，控制学生入学条件和课程设置、控制经费等。我国学者也有主张完全自治的，认为大学自治是指大学作为一个团体享有不受政府、教会以及其他官方或非官方任何团体和任何个人干预的自由与权力，是大学成员以大学这个团体的代表资格而非以个人资格来决定大学自身的管理。②学界更多认同的是自治的相对概念，即大学自治是指大学享有自我管理的自由和权力，能自由自主地处理学校内部事务，最小限度地接受来自外界的干预与支配。

在大学产生初期，自治近乎一种特权。自治若要完全实现，必须不执行外来的关于大学标准如何的指令。但事实上，绝对的自治是不存在的。正如布鲁贝克所言，"传统的高等教育自治现在不是，也许从来都不是绝对的"③。大学自治是一个限制性概念，意味着来自外部力量对学术相关事务的适度控制，有效参与大学决策的形成与执行事务等。关于自治的范围或权限，中世纪大学所获得的自治权力包括：内部自治权、独立审判权、免除赋税及兵役权、学位授予权及到各地任教权、自由讲演、罢教及迁校权。④1965年国际大学协会认定大学自治应包括：人事的自治、学生选择的自治、教学课程的自治、决定研究计划的自

---

① [英]戴维·米勒、为农·波格丹诺：《布莱克维尔政治学百科全书》，邓正来译，中国政法大学出版社1993年版，第693页。

② 和震：《大学自治研究的基本问题》，《清华大学教育研究》2005年第6期。

③ [美]约翰·S. 布鲁贝克：《高等教育哲学》，王承绪等译，浙江教育出版社2001年版，第18、32、33页。

④ 李海莉、马凤岐：《大学自治的演变及其有限性》，《理工高教研究》，2010年第2期。

治、分配财源的自治。①

　　为何自治是不完全的？原因在于：（1）大学是社会有机系统的组成部分，其内在运行需要检验是否符合社会标准和需求。"大学不能遗世独立，但却应该有它的独立与自主；大学不能自外于人群，但却不能随外界政治风向或社会风尚而盲转、乱转。大学应该是时代之表征，它应该反映一个时代之精神，但大学也应该是风向的定针，有所守，有所执着，以烛照社会之方向。"②（2）大学需要外部力量的介入才能保证其健康合理的发展，学术自由的实现有时甚至要通过大学外部力量的帮助。大学内部也存在着危害学术自由的因素，即学术和思想上的门户、宗派观念。"为了打破大学自治特权的壁垒，为自由学术的成长创造条件，当时的开明君主对禁止讲授笛卡尔哲学的大学动用监督权，废除大学中的学术禁令，才使新学问的引入成为可能。"③洪堡认为，在这一点上，国家的介入是有益的，所以他为国家保留了聘任教师的权利，作为使学术自由不受宗派利益侵害的制约措施。

　　大学本质上是公益性公共组织，为国家和社会的发展承担着重要使命，从来没有一个政权会放弃对大学的干预和管理，自治只是一个相对程度和范围的概念。事实上，大学从一开始就没有真正完全自治过。大学自治的有限性实质上反映了政府与大学之间的权力分配与博弈。在大学发展的不同时期，自治权限的大小不同，不同国家，自治权限亦不尽相同。

　　在中世纪，大学作为一新生事物刚刚出现，规模小、任务单一，处于社会边缘状态，远未成为影响社会发展的强大力量。尽管大学总是受到世俗政权和教会势力两方面的干涉，大学尚能在二元抗衡的权力格局中努力维持自治的权力。但随着社会的发展，大学已经从中世纪社会的边缘慢慢转移到了社会的中心，并日益凸显出其对社会发展的巨大影响和作用，此时，作为代表统治阶级利益的政府，再也不能无视大学的存在，逐渐通过各种途径试图在一定程度上控制大学从而为自己谋得利益。

　　1850年英国政府组织了一个专门委员会对牛津大学和剑桥大学进行视察，

---

① 郭为藩：《转变中的大学》，北京大学出版社2006年版，第60页。
② 金耀基：《大学之理念》，生活·读书·新知三联书店2001年版，第24页。
③ 马凤岐：《大学自治与学术自由》，《高教探索》2004年第4期。

之后颁布了关于这两所大学的法规，称为《牛津法》和《剑桥法》，这两个法规只是在宏观上要求大学改变教学目的，培养政府需要的官员，对大学内部的事务并没有多少硬性规定。但是，这件事情标志着，大学自治的堡垒已被打破。在美国，根据联邦宪法推知，联邦政府没有直接管理教育的权力，而由各州政府负责管理教育，1862年《莫雷尔法案》的颁布，打破了联邦政府不过问高等教育的传统，此外，在19世纪末20世纪初联邦政府又相继颁布了《哈钦法案》《第二莫雷尔法案》等一系列法案。这些法案的颁布，促进了农业和工艺学科的发展，加强了高校和社会的联系，使得大学除教学和科研外又多了一项新的职能——服务社会。二战之后，联邦政府和州政府对大学的控制不断加强，联邦政府通过巨额资助，干涉原本属于大学自己内部的事务，如专业和课程设置、科研安排等。[①]联邦干预的步步加强意味着美国高校自治受到不断挑战，正如克尔和盖得所说："公共规章和制度在不断取代大学的自主选择。"[②]

在漫长的大学发展历史中，政府与大学之间的关系处于一种异常复杂的状态之中，其间充斥着严密控制与相对自治，共生共栖与自由放任，彼此尊重与互相猜疑。[③]放眼大学发展史，高等教育历史的一个中心主题是"自由和控制的矛盾"，其原因在于：(1)大学对政府的经费依赖。高等教育是一个事关外部公众利益、需要外部公共资助的公共事业，不可避免地要受到外部力量的影响和限制。大学作为一个资源依赖型组织，大学在资源获取方面对政府有依赖性，且这种依赖随着高等教育的不断拓展而增强、随着政府对资源分配能力的增加而增强，因而大学不得不一定程度上接受政府的控制。(2)教育行政的集权与分权。在美国，大学自治在传统意义上界定为大学自治与州权力的对抗，或是集权与分权的对抗。也就是，大学自治遵循的是集权与分权相对照的单一维度。大学自治权与州之间的关系，聚焦于州政府及其固有法定权力。大学自治权力与州治理结构中的政策环境、制度设计密切相关，政策环境决定了政府在平衡职业价值和市场影响中的角色，制度设计或结构环境则包括了州政府为设计高

---

① 李海莉、马凤岐：《大学自治的演变及其有限性》，《理工高教研究》，2010年第2期。

② C. Kerr & M. Gade. The Many Lives of Academic Presidents: Time, Place and Character, Washington, D. C.: Association of Governing Boards of Universities and Colleges, 1986, P. 98.

③ James E. Mauch. Reforms and Change in Higher Education: International Perspective. New York: Garland Publishing, 1995.

等教育制度做出的决策,州政府和大学之间的权力分配反映出政府内外集团的利益考量。①当然,政府与大学都没有无限权力,权力需要监督与节制,政府公权力不能恣意干涉大学的自主与自由,大学权力也不能毫无节制。政府必须转变"统治"的姿态,承认并尊重大学的独立法人地位,各国根据大学自治传统和现实发展需要来调整政府权力下放的幅度。下放权力和放松管制可以增强大学的创造性与灵活性,减少大学与政府办事机构相关联的官僚主义。在我国当前高等教育发展背景下,如何从"管制"走向"服务"已经成为明晰大学与政府之间关系的关键所在。

政府介入是有限度的,不能干涉大学自身事务,这已成为各国共识。但是,这个"度"在现实中很难把握。一般地,政府对大学的干预包括积极与消极两种,积极地干预涵盖三层含义:"一是支持,即提供支持与援助……在资金、物质、组织等方面给大学及其学者提供支持;二是保护,即尽力照顾,使其不受损害……抵御和防范一切可能威胁学术自由的因素;三是保证,即担保做到……意味着国家对学术自由的承诺。"②积极干预初衷虽是好的,但要避免走向"国家控制模式"的极端,即政府试图控制高等教育系统的全部事务,包括招生、课程设置、考试制度、教师聘任等。政府对大学的干预应取其消极意义,即采取国家监督的模式,监督模式下的国家只施加微弱的影响,招生、课程、考试、教师聘任等基本决策都留给大学自己,"国家提出高等教育运作的宽阔参数,但是有关使命和目标的基本决策乃是系统及其各院校的职权"③。

中世纪至今,大学存续已历千年,大学依然是大学,其根基坚如磐石。正如哈佛大学前校长洛韦尔所言:"大学的存在时间超越了任何形式的政府,任何传统、法律的变革和科学思想,因为他满足了人们的永恒需要。在人类的种种考验中,没有任何东西比大学更经得起漫长的吞没一切的时间历程的考验。"④正是由于大学满足了人类对知识的永恒追求和对青春的无限渴望,它才成为人类社会

---

① Richard C. Richardson, etc. Higher Education Governance: Balancing Institutional and Market Influences, http://www.highereducation.org/reports/governance/governance.pdf.

② 周丽华:《德国大学与国家的关系》,北京师范大学出版社2008年版,第188页。

③ [荷兰]弗兰斯·F. 范富格特:《国际高等教育政策比较研究》,王承绪译,浙江教育出版社2001年版,第414页。

④ [美]约翰·S. 布鲁贝克:《高等教育哲学》,王承绪等译,浙江教育出版社2001年版,第30页。

最为稳定的组织结构之一。大学发展到现在,已然不是中世纪原初意义上纯粹的学者行会与学术共同体,它早已成为国家与社会的轴心机构,成为衡量世界各国综合实力的核心要素,并越来越广泛地参与到人们的日常生活之中,深刻影响着时代的发展。各种外部势力正日益强化对大学的渗透和干预,大学每一次职能的扩大则导致政府对其控制力量进一步的加强。现代大学在多大程度上享有学术自治及自我管理权,成为各国大学自治与学术自由的一个重要研究课题。

（二）大学为何自治

大学自治作为古老的传统产生于中世纪的大学。在存续绵延的近千年里,大学作为一个系统的机构从内到外都发生了巨大变化,但大学自治的精神却传承下来,并积淀成深厚的传统文化,产生了广泛的影响,即使在大学愈来愈受到外部因素影响的今天,大学自治的精神仍会以它潜移默化的力量影响政府对大学的决策,使得政府对大学的干涉常常是谨慎的,从而在一定程度上能够使得大学相对独立于社会。①纵观大学自治史的长河,我们不难发现,大学自治形成于产生与发展历程,有其自身的内在逻辑和法理基础。

1. 大学自治的内在逻辑——自治是对学术自由的保障

大学作为一个学术组织,自治可以说是其与生俱来的观念。与其他社会组织不同,大学发展有其内在逻辑,大学本质上是对高深学问超越的、永恒的追求,因而大学具有自由、独立的特性,即大学是具有内在运行逻辑和边界相对清晰的知识场。大学作为社会部门,以教学、科研和服务社会为三大职能,其实质都是围绕高深知识的传播、储存、鉴别和创造而产生。学术是指较为专门、有系统的学问,也可以理解为发现、整合、评价以及保存各种形式的知识。学术界"主张不仅知识本身的重要性不需进一步证实,同时学术和科学研究是大学教学与服务的职责也毋庸置疑"。②可以说,学术是高等学校存在的逻辑起点,学术性是大学的本质特征,学术活动——包括教学、科研和以知识来服务社会——是高等学校的基本活动。诚如伯顿·克拉克所说的那样:"大学内的基本活动是

---

① 李海莉、马凤岐:《大学自治的演变及其有限性》,《理工高教研究》2010年第2期。
② ［美］詹姆斯·杜德斯达:《世纪的大学》,刘彤等译,北京大学出版社2005年版,第34页。

学术性工作。"①"既然高深学问需要超出一般的、复杂的甚至是神秘的知识,那么,自然只有学者能够深刻地理解它的复杂性。因而,在知识的问题上,应该让专家单独解决这一领域中的问题。他们应该是一个自治团体,这就是为什么学院和大学常常被称为学者王国的原因。""为了保证知识的准确,学者的活动必须只服从真理的标准,而不受任何外界的压力,如教会、国家或经济利益的影响。"②由此,学术性逻辑起点赋予了大学以无可争议的"自治"权力。大学自治的本质目的是保证学术知识的准确与权威,使学者活动只服从真理标准,而不受任何外界压力的影响。③"大学不光相对于国家是独立的。而且相对于市场、公民社会、国家的或者国际的市场也是对立的";"大学必须有一个调节的理念,这就是不惜一切代价、无条件地追求真理";"大学有义务像建立权力那样建立独立性"。④

大学历经近千年的变化,依然首先作为一种学术组织而存在。学术性是反映大学本质属性以及区别于其他社会组织的根本所在。大学自治是作为学术自由的保障而产生的,大学自治与学术自由是大学精神所内生的重要基础,两者不可分割,且具有不可估量的价值。大学自治是学术自由的保证,学术自由是大学自治的体现,但有时两者也是相互违背的,大学自治并不全然带来学术自由。

2. 大学自治的法理基础——法律赋予和确立的法人地位

中世纪某些事物的存在取决于它拥有的法律地位,一个城镇要想得到认可,首要的事情就是争取授予特定的法律权利。一个行会、一所大学或任何其他合作团体,从获得它的特许权那一时刻起,才得以合法地存在。⑤大学就是最早的特许法人之一。巴黎大学的教师经过艰苦斗争逐渐获得了当时行会所能有的特许权,也审时度势地创造了他们所需要的自治机构。在英国,牛津、剑桥大学、格拉斯哥等传统大学都是依据教皇特许状成立的,并在成立伊始就拥有独立的法人地位。大学特许状赋予了大学开设课程、招收学生、聘请教师、制定

① [美]伯顿·克拉克:《高等教育系统——学术组织的跨国研究》,杭州大学出版社1994年版。
② [美]约翰·S.布鲁贝克:《高等教育哲学》,王承绪等译,浙江教育出版社2001年版,第33页。
③ [美]约翰·S.布鲁贝克:《高等教育哲学》,王承绪等译,浙江教育出版社2001年版,第29页。
④ 杜小真:《大学、人文学科与民主》,《读书》2001年第12期。
⑤ [苏]A.古列维奇:《中世纪文化范畴》,浙江人民出版社1992年版,第195页。

学术标准的权利。大学特许状的权威性首先来自于教权，中世纪教会拥有足以与世俗权力抗衡的权力。宗教改革之后赋予大学特权的特许状主要来自于王权和国家权力。①

美国继承了英国大学的自治传统，获颁特许状是殖民地学院取得法人地位的重要标志，如1636年成立的哈佛学院于1650年获得马萨诸塞议会为其颁发的特许状。威廉玛丽学院于1693年得到英国皇家特许状而成立，该特许状规定："它的'校长和教师或教授'应当是一个政治的和法人的团体，无论在事实上还是名义上，以'弗吉尼亚的威廉玛丽学院的校长和教师或教授'的名称，拥有各种财产权和法律权力及责任，使用学院的公共印章，拥有永久连任权。"②之后，耶鲁学院等也陆续获得特许状，到殖民地时期末，法人制度已经在学院管理的实践中普遍形成，在法律上确定了学院相对于外部权威的独立性，为大学自治提供了一个最基本的法律制度保障。

在中国，大学自治亦来自于法人地位。《民法通则》第36条规定，法人是具有民事权利和民事行为能力，依法独立享有民事权利和承担民事义务的组织。自20世纪90年代以来，我国加快了高校的法人化改革。1993年颁布的《中国教育改革和发展纲要》要求，在政府和学校的关系上，要按照政事分开的原则，通过明确高等学校的权利和义务，使高等学校真正成为面向社会自主办学的法人实体。1995年颁布的《教育法》和1998年颁布的《高等教育法》对此做了明确规定。《高等教育法》第30条规定，高等学校自批准设立之日起取得法人资格。高等学校的校长为高等学校的法定代表人。在横向关系上，高等学校和社会的关系具有了自主性。我国的高校法人地位产生了两个方面的作用。在纵向上，独立于政府；在横向上，高等学校具有了民事上的独立性，可以大幅度地进行社会合作。

在大学产生初期，自治近乎完全，但自治不是一种特权。正如1963年英国《罗宾斯报告》中所言："我们并不认为大学自治是一种特权，而认为是能更好发挥学术功能的必要条件。"事实也的确证明，正是因为大学有了自治权，所以即使在后来的历史中"英国政府对于大学的干预，虽然这十几年来加强了，但是与

---

① 马陆亭：《大学章程地位与要素的国际比较》，《教育研究》2009年第6期。
② 转引自刘虹：《控制与自治：美国政府与大学关系演研究》，复旦大学2010年博士学位论文。

其他国家相比,它的高等教育机构仍然具有较多的自由。"①"学术自治,无论这种自治是受法律、财政独立的限定或保护,还是基于合乎习俗的宽容,这对于每一所大学自由地、无拘无束地履行其职责都是必要的保障,它能够使智力上的差异成为促进知识发展的手段。"②大学作为法人组织,是个自治团体。自治是独立法人地位的属性或权利。在市场经济和商品社会极大发展的今天,不论是西方还是我国的大学,都对"自治"有着极高的热情。大学自治和学术自由为大学在教学与科研领域创建了一个更有弹性和反应灵敏的机制。

二、大学自治实践

(一)自治与自主

1. 自治与自主的关系

大学自治是一种自我管理的自由和权力,其核心是拥有自治权力。权力是公共生活的属性,所有机构致力于完成组织目标,需要自治权,这个体制必有拥有自治权来运作它自身事物。③大学自然也不例外。大学自治需要权力的支撑,"权力,在教育上,在某种程度上是不可避免的,凡是施教的人必须找到一条按照自由精神来行使权力的道路"④。基于权力的行使和保障,大学才得以拥有内部规制体系以确保自身生存而非等待外力的作用。

自主权是一项法定权力,即高校依法享有的权力,通常在教育法中作出明确规定。诸多国家的教育法律中都明确规定了高校享有自主权。如1984年法国颁布的《高等教育法》进一步明确了高等教育的性质、任务和作用,赋予高等学校在教学、科研、行政、财政等方面享有自主权。

自主虽然与自治有联系,但存在明显的区别:第一,自治强调大学的自治权是一种原发性的权利,它跟地方自治或者公民自治具有内在一致性,近代法学

---

① Jef. C. Verhoeven:《从欧洲三个国家看大学与国家关系的变化》,《清华大学教育研究》2003年第5期。

② [英]玛·丽亨克尔、布瑞达·里特:《国家、高等教育与市场》,谷贤林等译,教育科学出版社2005年版,第7页。

③ Haastrup T. Ekundago, M. O. Adedokun. The Unresolved Issue of Universities Autonomy and Academic Freedom in Nigerian Universities, Humanity and Social Sciences Journal 4(1), 2009.

④ [英]罗素:《社会改造原理》,张师竹译,上海人民出版社2001年版,第92页。

理论对这种自治的理论解说是国家权力来自公民的授权，政府不能行使公民没有授予的权力。而自主权则是一种派生的权利，即政府授予的权力，自主权之所以可能被授予给大学，主要是基于大学在教学、科研以及文化传承方面具有特殊的规律，不宜完全按照政府的意图来办学。第二，自治强调大学的管理权限不受政府、宗教以及其他外部因素的干涉，且这种权限的范围较为宽泛，政府基本上只有监督权，而不能任意施加行政规制。而自主强调大学的管理权限只能在法律规定的范围之内，政府在较大范围内既行使对大学的直接管理权又行使监督权；大学对政府行使的直接管理权不能以自主为名不予接受。第三，自治强调大学作为法人社团能够建立符合自己定位的管理体制和机制，为保障大学能够发展，大学管理层必须充分调动教师和员工的工作积极性，吸收学生、教师参与到管理中来。而自主则在管理体制上难以突破，因为大学与学生、教师之间的关系已经由法律进行调整，大学不能改变这种身份关系，而只能在管理机制中形成自己的特色。①也有学者认为，在我国的高等教育制度环境下，"自主"是作为"自治"的下位概念而存在的。②尽管国内学者大多对自治和自主不做区分，但不可否认，自治和自主的内涵是不能等同视之的，正如马克斯·韦伯所言，一个团体可能是：(1)自治的或他治的；(2)自主的或不自主的。③

2. 中国大学的自治与自主

自治是欧洲大学的悠久传统，因而西方国家多用大学自治的表述。而在中国，多用自主而忌讳自治，这是因为中国大学缺乏自治的制度土壤。(1)从大学的产生看，与西方大学和自治相伴生不同，中国大学自治制度随西方大学一并被引入中国，大学自治从一开始就与中国传统的以皇权依附为主要特征的学术价值观产生严重的冲突，结果是大学自治被修正，大学更多地受到政府的控制。毕竟大学自治植根于大学的本质之中，自治在中国大学还是艰难地生存下来了。只是自治的程度不如西方。④总体上，我国大学是行政权力主导、干预运

① 朱福惠：《我国公立大学内部治理结构的"去行政化"探讨——以我国高等教育法第十一条为依据》，《中国会议——通过章程的大学治理》2011年。
② 郑毅：《在自治与自主之间——论我国大学章程的价值追求》，《法学论坛》2012年第5期。
③ ［德］马克斯·韦伯：《经济与社会》(上卷)，林荣远译，商务印书馆1997年版，第78页。
④ 周光礼：《中国大学办学自主权(1952—2012)：政策变迁的制度解释》，《中国地质大学学报》(社会科学版)2012年第3期。

作的产物,长期处于服从和被支配的附庸地位。改革开放后,国家相继出台了旨在加强大学自主性的政策法规,赋予大学独立法人地位,但大学的自治空间依然有限。(2)从教育法律的规定看,1995年施行的《教育法》和1999年施行的《高等教育法》均无"大学自治"的表述,两部教育基本法都不约而同地反复提及"自主"的概念。而现行所有的相关政策文件也纷纷言"自主"而讳"自治"。如《教育法》第28、29条明确规定,学校及其他教育机构"依照章程自主管理""依法接受监督"。《高等教育法》第11条规定:"高等学校应当面向社会,依法自主办学,实行民主管理。"第53条规定:"高等学校的学生应当遵守法律、法规,遵守学生行为规范和学校的各项管理制度。"由此可见,高等学校享有法律上的自主权力。(3)从自治的实践要求看,作为现代大学制度上的"大学自治"主要体现在两个方面,即大学能够免于遭受外部权力的过分干预(即"独立办学"),以及大学内部真正实现学术自治(一般体现为"教授治校")①,但实际上这两个要求在我国目前的权力运行模式中难以满足。

"自主"是建立具有中国特色的现代大学制度的切实路径。一方面,当前"自主"在我国大学制度中所具有的内涵可以完全包容在现代大学的"自治"要求之中。也就是说,对于"自主"的强调在现阶段并不会影响"自治"的相关内涵的实现。二者在内涵上仅是子集和全集、包含和被包含的关系,自主的实现是自治的实现的必经过程。另一方面,"自主"和"自治"在我国现代大学制度价值目标的确立过程中只是应然和实然的差别,"自主"虽然囿于客观的制度环境而在自我决断的程度上低于"自治",但是这并不影响通过"自主"这一较低的目标最终实现"自治"这一较高目标的逻辑进路的实现。②

大学办学自主权是指大学在法律上享有的,为实现其办学宗旨,独立自主地进行内部事务管理的资格和能力。③大学如何自主?《高等教育法》第32条至38条对大学的办学自主权做出了规定,其范围涉及教学、科研和社会服务等。同时,第27条规定大学章程必须规定内部管理体制,高等学校根据实际需要和

---

① 郑毅:《在自治与自主之间——论我国大学章程的价值追求》,《法学论坛》2012年第5期。

② 郑毅:《在自治与自主之间——论我国大学章程的价值追求》,《法学论坛》2012年第5期。

③ 周光礼:《中国大学办学自主权(1952—2012):政策变迁的制度解释》,《中国地质大学学报》(社会科学版)2012年第3期。

精简、效能的原则,自主确定教学、科学研究、行政职能部门等内部组织机构的设置和人员配备。从这些规定来看,我国公立大学的办学自主权涉及两个方面:一方面大学拥有独立自主行使的那部分权力;另一方面是大学拥有的在法律规定范围内部分行使的自主权。大学的管理者必须依照《高等教育法》第11条确定的自主办学、民主管理来行使管理权,在行使管理权的过程中接受教育行政主管部门的监督,形成大学与政府关系的法治化。中国大学与政府之间的关系决定了中国大学不可能完全实现自治。为了建立现代大学制度,根据我国国情以及政治体制的特点,我国教育行政主管部门与大学的关系应当逐步向扩大大学办学自主权和加强政府对大学办学的监督这一方向发展,形成符合教育发展规律的监督与被监督的关系。教育行政主管部门要加强宏观控制与管理,在行政审批和行政许可过程中,严格执行国家法律,对大学滥用办学自主权、损害大学的办学主旨、违法实施管理行为进行监督。①

我国当前处于教育改革发展的关键时期,政府改革教育的责任重大,关键在于处理好政府与学校的关系,扩大和落实学校办学自主权。高等学校与政府的法律关系不是静止的,而是逐渐变化的。目前正在发生着三个转变:一是由传统的单一的行政法律关系向两个法律关系(行政法律关系和民事法律关系)转变;二是由简单的上下级隶属关系向产权明晰的举办者与经营者的关系转变;三是由以计划管理为手段的直接联系向以市场为导向的间接联系转变。这些关系的变化,引起了政府的角色分化:(1)政府现在只是公立高等学校的举办者,不是所有高等学校的举办者。随着中外合作办学的出现、公立高等学校的转制和公立实现形式的多样化,政府也不是唯一的公立高等学校的举办者。(2)政府是所有高等学校的行政管理者。(3)政府不是高等学校的办学者,对公立高等学校不是,对社会力量举办的高等学校也不是。②在大学依法自主办学阶段,我国高校的自我准备尚不充分,比如,制度建设方面体现为自我管理和自我约束的意识与能力还不够,内部管理模式相应地需要实现从执行上级机构指令向寻求自我发展的转变。

---

① 朱福惠:《我国公立大学内部治理结构的"去行政化"探讨——以我国高等教育法第十一条为依据》,《通过章程的大学治理》,中国法制出版社2011年版。

② 毕宪顺:《重构政府与高校关系落实高校办学自主权》,《山东工商学院学报》2003年第5期。

（二）大学自治观照

大学自治分为实质性自治和程序性自治。实质性自治即大学或学院作为一个法人团体有权决定本校的目标和实施方案。①程序性自治即大学或学院作为一个法人团体有权决定如何实现既定目标和方案。然而怎样的自治才能满足大学发展，不同国家有着不同的答案。下面简要介绍法、德两国的自治实践与发展历程（前文已对英美及中国大学自治传统有所介绍）。

1. 法国大学自治

法国是典型的中央集权制国家，国民教育部垂直管理全国的教育事业，地方教育行政部门不受地方政府的管理，直属于国民教育部。②12世纪创建的巴黎大学，已经历了数百年的自治。从拿破仑时代以来，法国在教育管理体制上实行中央集权制，法国高等教育管理体制一直处在中央集权与古老的自治传统并存，且不断地发生矛盾与斗争的过程中。③

1968年，法国爆发了大规模学生运动。法国议会被迫于当年通过《高等教育方向指导法》，该法确定了大学的三个办学原则：自治、参与和多科性。自治包括三个方面的含义：教学自治，即由大学自行制定教育和教学研究计划，决定教学模式、教学内容及考试、考察方式等。管理自治，即大学有权"决定本单位章程和内部机构"，确定本大学与其他大学之间的相互关系等；大学及其下属的教学和研究单位都由选举产生的委员会进行管理，大学和研究单位也由同样是选举产生的校长、主任领导。财政自治，即大学自己决定国家预算拨款和公立或私立机构捐赠的支出和使用，但要接受国家的监督。④1984年，《萨瓦里法》通过，它的主要目的是进一步鼓励大学实行自治。该法重申了"自治、参与和多科性"三条原则，同时明确提到合同和评估问题，一方面提倡国家与地区、高校签订合同，通过采用契约方式对大学进行管理，给予大学更多的自治，以增强办学的活力；另一方面设立大学评估全国委员会，加强评估和监督。1989年的《教育

---

① Berdahl, R., Academic Freedom. Autonomy and Accountability in British Universities, Studies in Higher Education, 1990, 15(2).
② 李立国：《国家治理视野下的中央教育行政机构职能分析》，《清华大学教育研究》2014年第12期。
③ 王宝玺：《法国大学自治演进分析》，《高教研究与实践》2010年第9期。
④ 贺国庆等：《外国高等教育史》，人民教育出版社2003年版，第573页。

方针法》在继续贯彻落实1984年的《萨瓦里法》的基础上，又进一步扩大地方和高校的自治权。

2007年《综合大学自由与责任法》发布，该法核心是赋予综合大学最大的自主权，推进综合大学的现代化，以法制手段保障这次改革务必成功。[1]新改革的目标是在法国85所大学内实现自主管理，赋予大学自主权是本次改革的重中之重，国家希望通过给予综合大学最大的责权来换取高等教育的高效产出。新法律正式明文规定国家从以往事无巨细的直接管理人转变为大学的合作人、监督人、保证人、资助人的角色；赋予综合大学独立的法律地位和最大自主权，使之真正成为能够自主决策、自负其责的"市场主体"。国家在放权和实现角色根本转变的同时，通过"多年度合同制"和"总经费预算"的管理主义的控制手段，实施对高等教育的宏观管理和监督，这样，在大学与政府间建立一种契约关系，代替之前的监护关系、行政关系，以契约的形式强制大学承担政府期望大学承担的责任。[2]可见，法国政府解决高等教育中深层次的自主权问题，主要通过把"契约制"管理模式在真正意义上引入法国高等教育体系中。"契约管理的建立是新公共管理的中心元素。符合新调控模式的逻辑，持续降低国家高等教育行政的古典行政作用的可能性，契约管理强调自主，也强调高校对自身行为结果的责任。国家责任与大学自治彼此重新取得和谐。"[3]即契约管理不仅体现了大学自治理念，而且通过契约手段把政府意志转化为现实，从而使中央集权与大学自治逐渐在妥协中从对立走向统一，并成为法国大学享有实际自治的保障。

2. 德国大学自治

"与最早的法国和意大利的高等教育机构不同，德国大学并不是自发产生的，而是缜密计划的结果。"[4]将大学自治正式作为一种大学理念加以确定的是德国学者洪堡。洪堡在柏林大学筹建期间就撰文提倡大学自治。为了使大学自治这一理念真正确立，他成立了以讲座教授为主体的教授会议，实行教授治校。正是由于洪堡在柏林大学确立了"大学自治"的经典理念，德国大学的发展

---

[1] 王宝玺：《法国大学自治演进分析》，《高教研究与实践》2010年第9期。

[2] 孙贵聪：《西方高等教育管理中的管理主义述评》，《比较教育研究》2003年第10期。

[3] HANS-HEINRICH TRURE：《行政法学中的治理概念——以大学为例》，王韵茹等译，《中正大学法学集刊》2012年第2期。

[4] ［德］弗里德里希·包尔生：《德国大学与大学学习》，张弛等译，人民教育出版社2009年版，第16页。

中才出现了著名的"洪堡时代"。而后,各国大学在发展过程中纷纷取法德国,最终确立了"大学自治"这一理念的历史地位。①

根据《德国大学基准法》第58条规定,在法律上高等学校享有自治权,同时各州主管部门对其又有监督权。据此,作为国家机构的高等学校要服从国家管理,德国是联邦制国家,各州在高等教育领域享有立法权和行政管理权,主管教育的职权属于各州,同时高等学校又实行自我管理,并在法律许可范围内制定各自的校规、培养方案。

国家监督主要体现在两方面:一是财政依附。德国高等学校是国家机构的一部分,且没有财政主权,因此它对政府拨款的依赖性很强,学校的财政主要来源于政府,政府可以通过控制学校经费运转干预学校的行政决策,高等学校的一些重要规定还需经过州有关部门的批准。二是立法审查。大学是根据国家法令设置的组织,故国家的统治权与支配权均不可避免。政府在法律法规基础之上监督大学的决定及行为是否符合法律和大学章程的规定,大学制定的章程与选举产生的校长最终要经过政府的承认,但政府不能在无正当理由情形下否定大学之决定。

法律法规赋予高校自主管理的职能是特别权力关系发生的前提。高校作为履行特定职能的公法主体,在大学自治范围内,具有公法行为能力,甚至享有部分统治性权力,即依法享有在其特定职能范围内自主判断、自定规则、自行管理的特别权力。概而言之包含高校办学自主、校内行政管理和学术自由三方面内容。法律赋予高校参与实行学额限制专业招生的权利,有条件地尊重了其在招生中的意志和权利;根据其章程选举产生的管理机构可以就本校或本系的事务做出决定等;高校学术自主权体现在发展学术、争取资助、传播科研成果等方面。1998年《高等教育总法》修改后,德国建立了以大学绩效—评估为基础的政府拨款制度,大学定期接受政府组织的评估,且评估结果作为拨款的依据。国家对大学由原来的"圈养"变成"放养",希望通过赋予大学更多的自主权来提高大学的决策自主性和灵活性,进而提高大学的核心竞争力。②由此,政府与大学的关系从"国家管制"向"契约管理"转变,目标协议成为国家"远距离调控"大学

---

① 刘莘、杨波、金石:《论大学自治的限度》,《河南社会科学》2005年第9期。

② 朱家德:《大学有效治理:西方经验及其启示》,《高等教育研究》2013年第6期。

的重要机制,绩效评估与大学评鉴结果被作为国家财政等资源拨付的基本依据。通过目标协议的签订与实施,促使大学关注办学绩效,实施绩效管理。同时,通过目标协议,联邦、州、大学、学院及系所间形成以目标为联结的多层级纽带关系,国家与大学自治之间逐渐形成基于"目标合同"的战略伙伴关系。目标协议、大学评鉴及由此产生的绩效导向的资源配置方式,成为德国高等教育治理的"新控制模式",被广泛应用于高校。[①]

综上,大学自治是大学的精神,但自治却随着历史的发展而逐渐改变。大学自治有共性和个性。具有以下特征:(1)从世界范围看,尽管不同时期的自治权限不同,但总体上大学自治是一种发展趋势,自治的权限和范围在不断调整中有所扩张;(2)各国大学自治因宪政体制、法系不同而有所不同。比如不同法系、政治体制集权与分权、政体联邦与单一,教育体制(集权与分权)表现不同的自治内容。

大学已经绵延存在了近千年时间,期间,大学作为一个系统的机构从内到外都发生了巨大变化,但大学自治的精神却传承下来,并积淀成深厚的传统文化,产生了广泛的影响,即使在大学愈来愈受到外部因素影响的今天,大学自治的精神仍会以它潜移默化的力量影响政府对大学的决策,使得政府对大学的干涉常常是谨慎的,从而在一定程度上能够使得大学相对独立于社会。[②]

三、大学治理——自治权的运行

(一) 大学治理概述

作为公共管理学的概念,治理就是将各种不同的公民意愿体现在政府制定政策的手段和方法上,使各种利益主体实现统一的服从与行动。[③]它是经过公民和团体思考他们的利益、行使他们的权利和义务,调和他们之间的差异之后的机制、程序、机构的复杂集合体。从一般意义上,"治理"的含义至少包含两方面内容:第一,治理是"做出决策的结构和程序",与行政或管理的不同之处在

---

① 姚荣:《迈向法权治理:德国公立高校法律地位的演进逻辑与启示》,《高等教育研究》2016年第4期。

② 李海莉、马凤岐:《大学自治的演变及其有限性》,《理工高教研究》2010年第2期。

③ Beate Koch, Rainer Eising. The Transformation of Governance in the European Union. London: Routledge, 1999: 14.

于,多了一些民主性,少了一些行政化。基于这一定义,治理至少包含治理结构和治理程序两个要素。第二,从治理的客体和结果看,治理是关于权力行使与责任履行的方式,主要关涉民主程序的兑现、责任、行政效率、法治、参与和公平。

大学自治权需要通过内部治理实践得以落实。大学治理是"大学的教师、学生、管理者等多元核心利益相关方共同参与大学权力分配和行使的结构与过程"①,是"联系大学内部以及外部各利害关系人的正式的和非正式关系的制度安排,以便使各利害关系人在权利、责任和利益上相互制衡,实现大学内外部效率和公平的合理统一"②。大学治理在本质上体现为建立健全治理结构,完备的治理结构体系能保障整个大学治理功能的实现。"它既包括组织架构设置和多元利益主体权责划分的结构化或非结构化制度安排,也包括多元主体权力行使过程中相互作用的过程和方式。"③

传统的大学治理多立足于政府或国家的单一视角,随着现代民主化潮流不断演进,这种传统意义上的治理已不再是一个单一的概念,而一举跃为涉及适合多方主体共同参与的共同治理。大学共同治理是内外部利益相关者参与决策制定的结构和过程。共同治理对协调大学内部各利益主体之间关系,处理大学内部事务同样具有适切性,是现代大学管理模式的必然选择。

虽然,大学治理包括外部治理和内部治理两部分,但大学自治权的落实更需要运行良好的内部治理。随着大学自主权的扩展,大学治理的中心逐渐向内部治理转移。关于大学内部治理,西方学者认为,"大学中包括两个体系,即基于法律权威的理事会和行政体系,与基于专业权威的教师体系,大学治理就是为实现两个体系的微妙平衡而设计的结构和过程"④。"内部治理"包括内部管理结构、决策安排、领导角色以及这些内部职能和政府机关之间的关系。核心是内部治理机构,内部治理机构特征:强大的领导核心、拓展的部门外围、被激励

---

① 王战军、肖红缨:《大数据背景下的院系治理现代化》,《高等教育研究》2016年第3期。

② 湛中乐:《现代大学治理与大学章程》,《中国高等教育》2011年第9期。

③ 俞可平:《治理与善治》,社会科学出版社2009年版,第2页。

④ Robert Birnbaum. The end of shared governance: Looking ahead or looking back. New Direct ion For Higher Education. Fall 2004(127), PP. 12–43.

的学术中心地带、一个自由裁量的资金库、一个企业家的信仰。①大学内部治理主要是通过制定章程并依据章程来实施。每个大学有它自己的法律或法令即大学章程，阐明大学内部不同机构组织的职能，如治理委员会、大学理事会或大学评议会、院长委员会、教职员、研究所等。

20世纪90年代以来，治理理论也引入到中国的高校管理中，在中国大学内部管理体制改革中逐步引出了大学治理的议题。关于中国大学的治理结构，有学者在利益相关者理论基础上，创建目标为"协调中国公立高校多元利益主体的现代大学制度模式"，其中包括"以党委会为主导的大学委员会决策体制，以校长为枢纽的专业委员会执行体制，以政府、高校和社会相结合的监督反馈体制"。②

（二）大学治理模式

大学自治是近千年来一直被西方大学奉为圭臬的基本理念，在不同的国家自治类型下，形成了不同的大学内部治理模式。以大学办学自主权问题为核心的大学制度问题已经成为制约我国高等教育改革与发展的根本性问题。如何优化现有大学内部治理结构，使大学成为一个高效运转的学术机构，成为我国高教界普遍关注的问题。③

1. 英国模式——"三会制"到"两会制"

英国的大学具有悠久的自治传统，从牛津、剑桥等古典大学，到后来的伦敦、威尔士等现代大学，都先后得到皇家特许而得以"自治大学"自称。大学分"联邦制"和"单一制"两种，牛津大学和伦敦大学是典型的采用联邦制办学的大学。牛津大学由大学和学院组成，是一个独立自治的机构。牛津大学的39所学院是大学的核心，又是相对独立并自治的机构，它们以联邦体制的形式联合在一起，与美国的国体不无相似之处。大学与学院实行双轨管理，各个学院都有很高的自治权，有自己的规章制度、管理机构和人员，经济上独立，有权自主开设专业并自主招生。在伦敦大学，学院作为独立的个体，可依据自身发展需

---

① Robin Middlehurst. Changing Internal Governance: A Discussion of Leadership Roles and Management Structures in UK Universities, Higher Education Quarterly, Volumne 58, No. 4, October 2004.

② 于文明：《深化我国公立高校内部治理结构改革的现实性选择——基于多元利益主体生成的视角》，《教育研究》2010年第6期。

③ 湛中乐：《现代大学治理与大学章程》，《中国高等教育》2011年第9期。

求自行决定是否加入或撤出伦敦大学。学院享有的高度自治权保证了学院可以坚定地维护其自身利益，发展本学院的特色，民主平等地参与到大学的决策和管理中。

大学内部治理结构以《1992年高等教育改革法》为分界线，形成"前1992"的"三会制"和"后1992"的"两会制"两种基本类型。1992年之前，大学治理结构一般包括评议会、全体大会和理事会。评议会是最高学术管理机构，理事会是最高治理机构，负责大学的财政管理，监督评议会处理事务。理事会、评议会、董事会的成员都来自各方代表，行政人员、教职员、学生、图书馆馆长、各个部门的代表以及来自校外的代表。20世纪上半叶，学校行政人员、学术人员与校外人士共同治理学校的新体制形成，这一治理模式被绝大多数英国现代大学所采用。1992年后，大众化的高等教育体系开始形成，根据法律规定，英国大学治理实行"两会制"，包括一个学术理事会和一个大学董事会，董事会包括25个成员，是一个独立的实体，尽管以独立的校外人员为主，几乎包括学术人员和学生代表。成员由任命委员会任命，一旦有空缺职位，会在校内外公布空缺情况。①

在横向层面，大学主要通过决策、执行、监督部门设置来实现大学管理自主和保证内部权力的协调与制衡。如伦敦大学的决策机构为大学董事会和学术理事会，执行机构主要包括以副校长为首的行政机构和中央学术团体。此外，受董事会的授权，大学成立了一系列委员会，附设于相应的管理部门，包括：投资委员会、联合任命校长委员会、外部系统审查署、联合任命副校长委员会、高级研究员审查署、安全委员会等。各委员会负责监督相应学术团体和管理部门的运行、执行效力，监督是否有违规现象等。

非联邦制大学一般是学校规模不大的应用型大学，通常采用单一制组建形式，在大学实现自治的内部治理模式上的特点为：(1)多方利益相关者共同参与学校管理，体现的精神就是非集权、非行政化，从决策到执行都不是一个人或一个机构说了算，从而达到内部学术权力与行政权力的平衡与协调；(2)采用单一制管理模式提高了学校的整体凝聚力和运作效率，符合此类院校培养市场所需人才，需要及时适应社会市场变化的要求。

---

① Thomas Estermann, etc. University Autonomy in Europe II, European University Association 2011.

2. 美国模式——"法人—董事会"到"共同治理"

美国秉承了英国大学的自治传统，并有所创制和发展。在美国，大学自治始发于哈佛，之后，威廉玛丽学院确立的法人制度为美国学院与政府等外部权威因素之间划分了界限，为保障学院最大限度的自治和政府最小程度的干预提供了合法制度安排，同时这一制度也使学院能够独立于外部的任何捐赠者。除法人制度之外，美国大学自治制度中一个非常重要的内容是外行董事会制度，它与法人制度一起构成美国高等教育区分最明显的制度特征。

纵观美国大学的自治史，美国大学治理经历了一个从董事会法人自治到校长主导治理，再到利益主体"共同治理"的逐步演进与发展过程。早期殖民地时期到南北战争之前是单一董事会主导的大学治理模式。1636年哈佛学院的创立是美国大学治理问题的开端，全部由校外人士组成的具有法人性质的董事会形式被创造出来。1754年，康涅狄格议会颁布特许状，成立由9人组成的"耶鲁学院院长和同事"法人（即董事会）。董事会负责财政事务及直接任命大学校长。作为董事会的代理人——校长不一定是董事会成员，但却扮演着多重角色，拥有广泛的行政权力；大学教师基本上不享有参与决策与管理的权力。耶鲁的这种具有独立法人地位的单一董事会体制为以后大多数美国大学和学院的董事会所效法，成为迄今为止美国大学和学院最广泛采用的体制。[1]单一董事会制度的建立标志着美国高等教育治理模式逐步由政府完全控制模式转变为董事会主导的法人治理模式，大学治理开始逐渐摆脱宗教的影响。[2]

19世纪中后期开始至第二次世界大战结束，是美国大学自治制度的成熟时期，形成了以"法人—董事会制度结构"为基础的，外部多元资助与干预并存，行业自律和行业自治相结合的大学自治制度。[3]董事会成员的构成很大程度上体现了不同的势力团体在与大学关系的博弈过程中的力量对比。

从20世纪中期至今，共同治理结构确立。几乎所有大学都对董事会的结构进行了调整，将一些利益相关者尤其是学生吸纳入董事会，参与式决策成为

---

① Arthur M. Coehen: The Shaping of American Higher Education: Emergence and Growth of the Contemporary System, San Francisco: Jossey-BassPublishers, 1998, pp.41–42.

② 王亚杰:《美国大学治理对中国特色现代大学治理体系建设的启示》,《中国高教研究》2014年第9期。

③ 和震:《美国大学自治制度的形成与发展》,北京师范大学出版社2008年版,第12—13页。

董事会决策的新特点。学术评议会成为重要的决策团体。1966年"共同治理"开始在文献中出现,美国大学教授协会与美国教育理事会发表《学院与大学治理的联合声明》,将"共同治理"定义为:"基于教师和行政部门双方特长的权力和决策及责任分工,以代表教师和行政人员共同工作的承诺。"[①]教师参与大学治理在高等教育社会化中是根深蒂固的理论和实践。从历史上看,在四年制的学院和大学中,教师因其专业技能、知识能力和作为专业人士的地位,被赋予机会参与学术决策。教师基于他们的职位而可能拥有法律或行政的权力,或基于专业知识和培训,可能拥有专业权威。[②]共同治理的理念在加州州立大学系统内也深入人心,在这种共同治理的体系中,不同的股东都有权参与决定学校事务。治理并非一个等级森严的体系,而是一个通过多方对话、协商达成新的价值观与决策的过程。加州州立大学的治理总体上具有公开与透明性,尽力避免基于效率的新公共管理主义行为。从内部治理结构来看,共同治理赋予了教授团体在学术事务决策方面的首要权力,这种权力和终身教职制度一起构成了加州州立大学保障学术自由的制度基础,最大限度地避免了董事会在学术事务方面的直接干预和行政权力对于学术权力的侵蚀。[③]在内部监督方面,美国瑞德福大学内部定期审查制度是决定机构在完成使命、提高效益,增强学生学习能力,提升项目、服务质量的不可分割的组成部分,例如,学术项目、学生服务、共同治理体制、大学独一无二的合作决策过程,必须经受经常的、严格的审查,以确保它为大学利益而有效、高效率地运作。内部治理结构为治理提供了宽泛的框架,涉及监事会、校长、校长内阁、学生治理协会、教师评议会,以及其他必要的委员会。

　　美国大学的多样性反映在治理结构与职能的差异化上,尽管治理文化和程序很多高校不尽相同,但董事会的出现使美国高校与其他国家高校区分开来。无论是最初的单一董事会制度,还是发展到"法人—董事会"制度结构,到现在

---

① 彭国华、雷涯邻:《美国大学共同治理规则研究述评———以对〈学院与大学治理的联合声明〉反思为视角》,《高教探索》2011年第1期。

② Sue Kater, John S. Levin: Shared Governance in the Community College, http://arizona.openrepository.com/arizona/bitstream/10150/280287/1/azu_td_3089958_sip1_m.pdf.

③ 李威、查自力:《美国加州地区高等教育公共治理结构的特征研究——基于州教育法案和大学章程的分析》,《现代教育科学》2016年第1期。

的以董事会为核心的共同治理模式,董事会的作用不可替代。机构治理的最高责任存在于董事会或理事会,董事会对教育使命、机构传承、指导和形成高等教育的价值观的传递负有责任,同样地,董事会对公众和合法选民也负有责任。董事会应负有或承载最高责任和全部权威决定学校的使命(州政策限制范围内)。即便在共同治理模式中,大学治理模式是董事会—校长—教授的三角结构,董事会监管大学的财政运行,任命并监督校长的职责,与政府、社会保持灵活的沟通,积极倡导大学的社会责任。可以说,董事会作为共同治理结构的关键一环,对美国公立、私立大学的成功功不可没。可见,董事会是一个非常具有特点的环节,是美国高等教育决策的主要特征,卡内基基金会将董事会称为"美国高等教育管理结构的基石"。大学依据治理理论建立一种"大学董事会"作为最高权力机构,来实现各方利益相关者的参与权、话语权和决策权。董事会是法人,校长是代理人,基于信托制度与法人制度的有机结合,使美国大学与政府以及社会之间能够界定明晰的法律关系,免于大学捐赠者和政府的干预与渗透,从而拥有其他国家,尤其是欧陆国家大学所无法比拟的自主权和灵活性。

3. 其他欧洲大学模式

欧洲大学具有较强的自治传统,大学相对独立于政府势力范围之外,政府对高等教育领域的介入程度非常低。大学治理结构类型主要是由董事会或委员会与大学评议会组成的"双会制",董事会在规模上受到限制。理事会通常是更宽泛更具有责任的机构,通常包括全体教师,在某种程度上,是大学教师的另一些种类。管理职能在董事会和理事会之间划分。双会制国家有奥地利、芬兰、匈牙利。

关于大学内部治理结构,欧洲大学一般都有权决定自己的内部组织机构,尽管有些国家存在法律条文规定高校组织机构的设置,但并非是对高校自治的限制。在有些国家,大学必须遵从法律的指导,但这种指导亦是原则性的,因为法律没有明确规定学术单位的数量、名称以及其他的限制。意大利的法律规定,大学必须有学院和系部,并描述了学院和系部的职能。捷克共和国同样地规定了大学要有院系及其职能,也规定大学要有治理机构,大学自身可以建立、合并院系,但在这之前,须征询捷克认证委员的意见。在冰岛,法律规定,大学应组建学院和研究所,且大学委员会有权决定这些机构及人员的设置,并根据未来发展之需要,建立系级单位。在塞浦路斯、卢森堡和斯洛伐克,学术单位在法律中被明确列出。在这些体制下,大学不能建立新的学院和系部,或者在不修订现行法律的情况下不能重新调整结构。在希腊和土耳其也不同,学术机构需要得到高等教育部部长或委员会的逐个批准。在一些欧洲国家,大学有权创建自己的内部机构,包括营利的和非营利的,但在若干国家的大学中则只允许创建非营利机构。波兰、冰岛等国家还有一些其他限制,如大学仅被允许创建其活动范围与大学使命一致的内部机构。在冰岛,大学内部机构的设置得到外部权力(教育研究部部长)的批准是必须的。①

西方诸国虽然模式各具特征,但却存在某些本质上的共性,其中最为重要的方面还是在于注重社会的系统或国家的力量,或者兼而有之。西方诸国模式具有历史上的同源性特征,表现为在特定的历史阶段中,取法于古希腊和罗马以及近代英、德、法诸国模式及其特征,当然其中也存在现实发展性的方面。如美、日等国对英、德、法欧洲大陆诸国模式存在继承与借鉴的方面,但也还是存在其发展性的地方。

"他山之石,可以攻玉",尽管上述国家与中国的文化背景不同,社会制度迥异,国外的治理模式也并非放之四海而皆准,但仍然不乏可资借鉴之处。(1) 借鉴英国大学治理模式,实行大学权力下放,给予各院系更多的权力,学术权力主要放在院系层面。作为一个纯粹的学术组织,学术权力是学院学者工作的保障,所以从学校到学院,应该是一个行政权力逐渐减弱、学术权力逐渐增强的局面。充分发挥教授以及学生的作用,调动广大教职员的办学积极性。形成学术权力与行政权力平衡互补合作的管理格局,例如可以成立两个委员会团体,一方负责学校行政事务,一方负责学校学术事务,二者互相协调,各行其职,相互制衡,互相补充,处于平等合作的关系中。必要的情况下,设立监督机构,监督权力的执行和落实,保证各项工作到位,监督教学质量和行政效度。(2)美国大学拥有成熟的治理理论与实践经验,共同治理成为"美国高等教育推向全球的一个最有价值的出口"。借鉴美国"法人—董事会"制度对完善我国大学治理结构、构建现代大学制度意义重大。我国《国家中长期教育改革和发展规划纲要》关于完善

---

① Thomas Estermann, etc. University Autonomy in Europe Ⅱ, European University Association 2011.

治理结构的内容明确了党委、校长的职权，提到了教职工代表大会和学术委员会，并提出了教授治学的概念，一定程度上体现了共同治理的含义。①（3）契约管理是国际高等教育渐兴的一种治理模式。①法国与德国的高等教育契约管理模式，为改革我国高等教育管理方式以提高大学自主权和自主发展的积极性提供了借鉴思路。对于契约管理（模式），目前所见，系在高等教育学中有学者针对我国市场经济条件下高等学校办学自主权的增强，顺应和实现政府与大学关系准则的变革，更加切合质量内涵特色发展的需要，汲取大学自治、委托代理、目标管理以及新公共管理等的理论成分，追溯英国对大学的"特许状"管理中的契约性质与作用，借鉴日本的契约—评估管理以及法国的大学四年发展合同的经验，认为行政的公务性与契约和合意性相结合，应该可以在政府与大学之间实施契约管理（模式），而其举措，则是以大学章程作为该契约的集中承载和表现形式，因此，其契约管理的主张，一方面强调了政府与大学应当是以大学自治权利为关键，扭转行政命令、计划指令的管理传统；另一方面确立了大学章程作为授权契约的效力与地位。其指向是以大学章程为落脚点的，主要是倡导和推动以大学章程为桥梁的契约化管理方式，与强化政府监管的严格自律与充分赋权的高等教育负面清单管理模式是相辅相成的。

---

① 马陆亭、陈浩：《法国高等教育契约管理模式探究》，《新疆师范大学学报》（哲学社会科学版）2016年第2期。

第二章

章程治理:软法·实施·监督

现代大学法人制度的核心是大学自治。自治首先体现为根据大学发展特色制定章程,并通过章程确立自主型的治理结构,保证大学正常行使自主权,理顺和规范内外部权利、义务关系。[①]当今世界,大学章程已普遍成为大学自治和落实办学自主权的保证,是高校自主管理的根本依据。相应地,依据章程治理成为现代大学的基本特征,也是大学治理现代化的重要标志。

一、大学章程与高校治理

(一) 章程与自治

无论从大学的起源,还是当今世界诸多大学的考察,自治与章程密不可分。一方面,自治是章程治理的基本前提和重要内容,是大学章程的价值追求。在西方,大学成立之始,自治就随着特许状的颁布而深深根植于大学精神的深处。当时教皇或国王颁布的特许状赋予大学法人地位,承认或赋予大学一定程度的自治权,如赋予大学开设课程、招收学生、聘请教师、制定学术标准的权利,从而使大学在学术和管理方面的自治权合法化。自治性是大学章程最核心的属性,缺失这一属性,章程就会失去生效的前提,高校也失去了制定章程的必要性。章程治理的本质在于自治,即组织成员通过章程的形式表达个体的利益诉求,实现自主管理、服务、教育和约束。"从国内外教育立法的经验看,大学自治是大学章程内容的重中之重。"[②]

---

① 湛中乐:《通过章程的大学法人治理》,中国法制出版社2011年版。
② 湛中乐、高俊杰:《大学章程:现代大学法人治理的制度保障》,《国家教育行政学院学报》2011年第11期。

另一方面,章程又是自治落实的主要依据和必要保障。大学章程作为大学制度化的基点,固化着大学组织体及其成员的行为模式,在政府、市场、大学和师生间建立起稳定的连接框架,为大学的自治与法治提供理性秩序,而且在很大程度上提高了广大师生的自治意识,促进了高教秩序的稳定发展。大学自治权的落实主要体现在两方面:一是大学免于遭受外部权力(教会、政府等)的过分干预;二是大学内部真正实现学术自由和管理自主。而章程恰好把两者统一起来,是外部治理与内部治理的统一体。大学治理体现为学校制定章程并依章程进行管理。章程治理是大学自治的基本形式和法治基础。欧洲中世纪的大学就是依照特许状所确定的根本性事项及授权,通过自定章程的方式在学校与当局(世俗的或宗教的)之间划出了明晰的界限,章程成为一道强有力的"防火墙",屏蔽了来自外界的不当干预,维护了大学这块学术自由的净土。①章程是大学自治的保证,大学自身的行为、权利与义务,以及与高校发生法律关系的所有主体的行为、权利和义务,都通过大学章程得到明确与保障。

马克斯·韦伯认为:"自治意味着不像他治那样,由外人制定团体的章程,而是由团体的成员按其本质制定章程(而且不管它是如何进行的)。"②在此意义上,自治就是章程治理。

究竟什么是大学章程,国内学者们基于不同的视角给出了不同的界定。有的从章程的制定主体、依据出发,有的从法律性质入手,还有的从章程制定的目的、意义等功能的角度予以概括。③如有学者认为,从实现大学有效治理的角度出发,大学章程可以界定为大学的最高决策机构,依据国家法律法规、尊重大学组织特性、遵守行政法规制定程序,制定出来的上承国家法律法规下启内部各项规章制度的大学最高纲领。④虽然从不同角度得出的定义不同,但仍可大致描述出大学章程的基本轮廓,即章程是特定社会组织在法律规定的范围内对其成员有约束力的内部规范。任何一个有独立自主权的机构都需要明晰组织规程以使人了解自己的使命,规范自己的组织运营。大学也不例外,大学章程,简

---

① 郑毅:《在自治与自主之间——论我国大学章程的价值追求》,《法学论坛》2012年第5期。

② [德]马克斯·韦伯:《经济与社会》(上卷),林荣远译,商务印书馆1997年版,第78页。

③ 孙霄兵:《推进高校章程建设,完善中国特色现代大学制度》,《中国高等教育》2012年第5期。

④ 朱家德:《现代大学章程的分类研究——基于章程文本内容　分析的实证研究》,《中国高教研究》2011年第11期。

而言之,就是大学在法律规定的范围内对其成员有约束力的内部规范,是对大学自身组织结构及其运转进行的基本规定。总的来说,大学章程是有关大学组织性质和基本权利的具有一定法律效力的治校总纲领,是学校组织设立的法定条件,也是大学治理的基本规范。

　　章程如何治理? 高等教育法律在大学外部对政府和大学的关系边界、大学的独立法人地位予以明确。"大学章程通过规定大学与政府、大学与社会的关系,以及大学权力在教师、学生、行政管理人员、教辅人员等群体之间的分配,清晰界定大学外部治理结构和内部治理结构;还通过规定大学决策机构、执行机构、监督机构的议事程序等,清晰规定大学治理过程。"在大学内部,大学章程可进一步通过对学校和院系的关系进行明确,根据不同层面的利益相关者在大学组织体系内的功能定位,明确其参与院系治理的途径和参与程度,通过系列配套制度和操作程序确保理念落地。①可见,大学章程是大学实现有效治理的载体,而实现大学有效治理也是制定大学章程的应然追求。②需要指出的是,大学章程需明确规定大学教师与学生的参与地位,否则大学自治将可能仅剩对外的自治而欠缺内部的自主自律。

　　大学章程并非从来就有的,且来之不易。谈到大学章程必然会述及中世纪的特许状,这种特许状从形式和内容看具有了大学章程的雏形,是大学章程的最远古的表现形式。"特许状"便是大学师生在与教皇和世俗王权斗争过程中逐渐获取的权利成果的固化。第一个大学章程发源地巴黎大学的师生主体意识觉醒,经过20年的权利求索才促成了特许状的颁立,"作为中世纪大学取得合法自治权力之载体,同时也开启了大学章程的历史先河"③。传统的特许大学有制定章程的权力,有对大学组织成员处罚的权力,大学事务受到司法干预主要是审查章程的合理性。④大学也正是通过皇室特许状对权力的赋予制定了相关章程,并以此为据开启了大学自治的历程;可以说,大学治理,从源头上即依据章程进行的治理。⑤总的来说,大学章程是从大学诞生到不断发展成为成熟的

---

① 王战军、肖红缨:《大数据背景下的院系治理现代化》,《高等教育研究》2016年第3期。

② 朱家德:《大学有效治理:西方经验及其启示》,《高等教育研究》2013年第6期。

③ 刘香菊、周光礼:《大学章程的法律透视》,《现代教育科学》2004第6期。

④ 参见案例 Ipswich Tailors'case(1614) 11 Co Rep 53; Slattery v Naylor(1888) 13 App Cas 446, 452。

⑤ 湛中乐、徐靖:《通过章程的现代大学治理》,《法制与社会发展》2010年第3期。

社会组织的历史进程中，随着人们对大学认识的不断深化和大学管理的需要而产生并且不断成熟和完善的，也是大学内部自主办学与外部实施的影响之间协商的产物。

发达国家的高校有着依据大学章程进行大学自治的悠久传统。从世界范围内看，"世界一流大学都有自己的'大学章程'，具有高度的权威性和严肃性，并以章程为基础制定有各种规范，具有规范管理和依法治校的良好氛围"①。综观世界各国和地区的大学章程，可以说是纷繁多样，各有特色。

巴黎大学取得行会式特许权并成为自治机构的重要特征便是拥有自己的章程，并有权要求其成员宣誓遵守其章程，有权开除违规者。②巴黎大学最早的章程，当属1215年教皇特使为巴黎大学制定的章程。1231年教皇格雷古瓦九世发布谕旨同意其颁发的新章程被称为创办巴黎大学真正的"大宪章"。③

德国大学作为由国家设立的间接执行国家任务的公法人，有权依据国家法律的授权为管理自己的事务制定规章。④1737年成立的哥廷根大学的哲学院章程被看作是德国大学史上的一个里程碑，该章程规定"所有教授，只要不涉及损害宗教、国家和道德的学说，都应享有教学和思想自由这种责任攸关的权利"。这是德国第一次在法律意义上申明了学术自由的原则。⑤

英国大学章程的内容一般包括社会参与的发展决策机制、校长负责的行政执行机制、教授治学的学术自由机制、监督分离的财物安全机制，程序公平的人事管理机制等，是大学在适应社会发展的要求和保持大学自治、学术自由中间取得平衡的重要制度保障。⑥例如，《伯明翰大学条例》在其执行简介里明确说明："本条例规定了行使大学权力的法律框架。它规定了校理事会的组成、事务和权力，也规定了有关大学治理的条款和如何促进大学章程载明的目标。"这表明，大学章程对一所大学而言居于宪章地位。⑦

---

① 刘继安：《世界一流大学的基本特征》，《中国教育报》2002年3月12日（第4版）。

② 王晓辉：《法国大学章程综合研究》，《研究动态》2007年第12期。

③ 贺国庆等：《外国教育史》，人民教育出版社2006年版，第39页。

④ ［德］哈特穆特·毛雷尔：《行政法学总论》，高家伟译，中国政法大学出版社2000年版，第60—61页。

⑤ 陈洪捷：《德国古典大学观及其对中国的影响》，北京大学出版社2006年版，第6页。

⑥ 范文曜、张家勇：《大学章程的治理意义——英国大学章程案例研究》，《理工高教研究》2008年第12期。

⑦ 湛中乐、高俊杰：《大学章程：现代大学法人治理的制度保障》，《国家教育行政学院学报》，2011年第11期。

在美国,大学章程是规范大学运作的基本纲领和法则。其中,学校董事会及其下属各个委员会的组织构成,成员的选举与任用等大学决策的方式与程序是大学章程必不可少的内容之一。[①]如《密歇根大学章程》将董事会董事、行政人员、业务和财务管理、教务、学术人员、学院、学生事务、入学注册、学位、收费、图书馆、杂项规章制度等均纳入规制的内容,形成完整而统一的体系。[②]

日本自2004年4月正式实施大学法人化改革,从明治时期开始一百多年的政府对大学的传统管理模式发生巨大变化,大学章程作为一种制度管理的新形式应运而生。2003年3月东京大学评议会通过了《东京大学宪章》之后,各国立大学纷纷效仿《东京大学宪章》,制定了自己的宪章(章程)。大学宪章(章程)作为校内总纲领,集中反映了大学两个方面的制度诉求:一方面是对外部评价的一种责任说明,明确在长期目标之下,大学管理制度的理念、基本原则与组织运营机制;另一方面,是在大学被授予自治自主权后,在法人化改革的法律框架下行使自治权利的自我规范,是对内部管理的一种自律性追求。[③]

我国的香港地区的《香港中文大学条例》详尽而严密地规定了学校的法团地位,主管人员、校董会、教务会及校友评议会的设立、权力及职责,教职员的聘任,学院设置,学位及其他资格颁授,文件的签立及认证等内容,逻辑完整而严密,内容涵盖整个大学自治活动的全部内容。

各个大学的章程在表述和内容构成上存在差异,但基本内容一般包括大学的理念、办学宗旨、办学目的或培养目标、大学的名称与校址、内部管理体制、大学重大事项的决策程序、举办者与大学之间的权利与义务、校长的权利与义务、教师的聘任与管理、教学事务及教师的学术权力、学位的授予、学生事务、经费来源、财产与财务制度、章程修改程序等重大事项。大学章程通过规定学校的办学理念和特色、学校发展目标和战略、校内各种关系、学校的领导体制、治理结构、管理模式,教职员工的权利和义务,学生的权利和义务等重要内容,回答包括现代大学治理等在内的现代大学制度的核心问题,为大学依法自主办学提

① 刘承波:《大学治理的法律基础与制度架构:美国大学章程透视》,《国家教育行政学院学报》2008年第5期。
② 陆俊杰:《大学章程的法治品格》,《中国高教研究》2011年第8期。
③ 王晓燕:《国立日本大学法人化改革中的大学章程建设——以〈东京大学宪章〉为例》,《全球教育展望》2009年第4期。

供可行的自治规范。可以说，大学章程就是大学治理的"宪法"，是大学得以存在和运作的最为重要的规则，也是大学自主地位的体现。①在我国，现代大学法人治理就是要求学校在政府的宏观调控下，制定和完善大学章程，作为学校办学活动的重要依据，按章程自主办学，实行民主管理，从而使大学成为具有一定办学自主权的真正独立法人。②

（二）章程治理的法治意蕴：软法之治

一般认为，"软法"概念起源于西方国际法学，并逐渐见之于欧洲、日本和中国等国家的法学、政治学、社会学的论著。软法是近年来法学研究的一个新兴话题。我国软法理论的研究指出，国家法律规范按照能否运用国家强制力保证实施这个标准可以分为两类：一类是硬法规范，属于国家法；一类是软法规范，"指那些效力结构未必完整、无需依靠国家强制保障实施、但能够产生社会实效的法律规范"③。软法为"非典型意义上的法，它不一定要由国家立法机关制定，不一定要由国家强制力来保证实施，不一定要由法院裁决其实施中的纠纷"。其研究范围限定为以下方面：(1)社会组织（行业协会、高校）、基层群众自治组织（村委会、居委会等）、人民政协与社会团体等组织的活动规范以及规范成员行为的规则与章程。(2)国际组织规范，如联合国、WTO、绿色和平组织等，国家作为主体的国际组织规范国与国之间关系以及成员国行为的规则。(3)执政党和参政党的组织规范以及成员应遵守的章程。这些章程、规则在党内能起到规范作用，所以也应属于软法的范围。(4)法律、法规、规章中没有明确法律责任的条款，即硬法中的软法。④

自治章程是一种蕴含了丰富治理艺术的软法规范，是落实我国依法治国方略的有效实践。大学章程亦如此。我国《高等学校章程制定暂行办法》（以下简称《章程制定暂行办法》）第3条中规定，"章程是高等学校依法自主办学、实施管理和履行公共职能的基本准则"。从静态上看，目前我国的公立高等学校章程是大学组织的自治法，正是软法，"是大学组织共同体成员共同协商制定的，

① 湛中乐：《现代大学治理与大学章程》，《中国高等教育》2011年第9期。
② 湛中乐、高俊杰：《大学章程：现代大学法人治理的制度保障》，《国家教育行政学院学报》2011年第11期。
③ 罗豪才、宋功德：《认真对待软法——公域软法的一般理论及其中国实践》，《中国法学》2006年第2期。
④ 姜明安：《软法与公共治理》，北京大学出版社2006版，第85—88页。

不受国家强制力保障实施的,并约束大学组织共同体成员行为的大学内部基本行为规范"①。从某种意义来说,大学软法是大学治理由国家化、社会化向个性化发展的驱动力。

软法亦法,大学章程虽不是真正意义上的教育法律,却是高校管理中的重要规范性文件,是教育法治体系的重要组成,"上承国家教育法律法规,下启学校规章制度"②,是大学之"法"。于大学外部法律关系而言,它是政府干预大学内部事务的依据和边界,也是社会参与大学治理的载体;于大学内部法律关系而言,它是规范大学内部秩序的"组织法",划定"党委领导,校长负责,教授治学"的责任范围,解决决策权和执行权关系不清晰等问题;在保护大学各群体权利方面,它又是彰显权利法定、权力有限的"权利法";在高校行政法治的"正当法律程序"上,大学章程还是确保大学有序运行、保障权利的"程序法"。③

就效力而言,大学章程具有重要的法律地位,既受约于国家的教育法律法规和规章,又高于学校内部其他的规章制度。在世界上许多国家,甚至是由立法机关通过法定程序颁布大学章程,可见大学章程应具有很高的法律效力。一般地,大学章程具有对内和对外两种效力,对外保证大学具有独立法人地位,任何其他权力主体不得非法干涉大学依法拥有的自主权;对内,章程是大学内部治理和规定成员权利、义务的总纲,是"办学宪章",不因领导者的更换而变动。大学章程一经教育行政部门审批,不仅对高等学校有约束作用,而且对教育行政部门也具有约束力,从而保证高校依法自主办学的落实。

在中外高等教育的历史发展中,大学章程通过对各相关权利主体进行制度性的规约,起到了理性化的价值引导与依法治理的保障作用。其法治意义主要在于:(1)章程是依法治校的依据。将大学管理纳入法治化轨道,依法治校,实现大学管理的法制化和科学化,是大学办学自主权得到有效落实的根本保障。大学实现法治的前提是有法可依,制定章程并按章办事,即大学的运行主要靠以章程为纲的具有约束力的规范来调节,这是法律对每一所高校的基本要求,

---

① 陈立鹏、杨阳:《大学章程法律地位的厘清与实施机制探讨——基于软法的视角》,《中国高教研究》2015年第2期。

② 牛维麟:《现代大学章程与大学管理》,《中国高等教育》2007年第11期。

③ 湛中乐、徐靖:《通过章程的现代大学治理》,《法制与社会发展》2010年第3期。

是依法治校的基础,是大学设立、运行、发展合法性的前提。因此,在全面推进依法治国的今天,大学制定并实施章程,无疑是将大学管理纳入法制化轨道,实现依法办学和依法治校的有效途径。(2)章程治理让师生认识到自身的主体地位,正是这样的主体意识,促使师生摆脱了社会成员人身依附的窘迫地位,切实地承担起了作为高等教育活动组织与参与者的责任。这种主体意识与法治发展中的公民意识的觉醒是一致的,契合着社会法治发展潮流。[①](3)章程治理体现了法治的理性。现代大学治理从本质上说是通过法律进行的治理,是法律维度下的治理;治理问题,不仅是政策问题,更是法律问题;"依法治校",不仅要求对高校治理中的微观层面如学生权利保护予以关注,更要求对其宏观制度规则建设予以重视。

大学章程是大学实现有效治理的载体,而实现大学有效治理也是制定大学章程的应然追求。章程如何治理?"大学章程通过规定大学与政府、大学与社会的关系,以及大学权力在教师、学生、行政管理人员、教辅人员等群体之间的分配,清晰界定大学外部治理结构和内部治理结构;还通过规定大学决策机构、执行机构、监督机构的议事程序等,清晰规定大学治理过程。"[②]就章程治理现状而言,离预期目标还有较大的差距。我国大学并没有真正建立起以规则为核心的治理模式,主导大学的仍不是规则治理。作为大学"治理宪法"的章程却很可能流于形式,成为一种"时髦的游戏"。"发达国家的经验表明,相关法律法规如果不到位,大学章程制定得再完美也难以有效发挥作用,反而会造成极大的'制度浪费'。"[③]因此,回归章程对大学治理的应然状态,完善现有章程的不足,也是我国大学治理实现走向法治化进程的集中体现。

二、中国大学的章程建设

实现依据章程自主管理,是高等学校实现治理体系和治理能力现代化的基本要求。大学章程的制定与实施关系到高等学校依法治校和现代大学制度的建设,关系到高等学校和高等教育的健康、持续发展,应给予高度重视,并加大

---

① 陆俊杰:《大学章程的法治品格》,《中国高教研究》2011年第8期。
② 朱家德:《大学有效治理:西方经验及其启示》,《高等教育研究》2013年第6期。
③ 李维安、王世权:《大学治理》,机械工业出版社2013年版,第192页。

工作力度以推进建设速度。

（一）中国大学章程概述

"大学自治"在我国的提出主要有两个源流：一是现代大学制度及其理念的传入使得大学自主产生了自治的诉求；二是国家通过立法和政策对"大学章程"这一在西方从来都与"自治"密不可分的制度样态的极力推动。[1]在全球化的法治主义浪潮中，中国大学在建立和完善现代大学制度过程中，充分认识到了章程对于大学自治与法治的重要意义，逐步订立符合学校自身特色的章程，以规范大学的办学活动，理顺大学内外的各类社会关系，确保学校在新时期焕发出新的生机。

1995年9月1起施行的我国《教育法》第26条明确规定，设立学校及其他教育机构，首先必须具备的基本条件就是要有组织机构和章程。1999年1月1日起施行的《高等教育法》第27条再次明确规定高等学校必须有自己的章程。由此，大学章程作为设立高等学校之必备条件的法律地位得以确立。此后，1999年12月教育部印发《教育部关于加强教育法制建设的意见》提出实现依法治教的主张，要求"各级各类学校特别是高等学校要提高依法管理学校的意识，依据法律、法规的规定，尽快制定、完善学校章程，经主管教育行政部门审核后，按章程依法自主办学"。2003年7月《教育部关于加强依法治校工作的若干意见》再次强调以"学校要依据法律法规制定和完善学校章程，经主管教育行政部门审核后，作为学校办学活动的重要依据，按章程自主办学"。同年11月，教育部办公厅发布《教育部办公厅关于开展依法治校示范校创建活动的通知》具体提出了教育部依法治校示范校的8条标准，其中第一条就是"管理制度完善健全。依法制定学校章程，经教育行政部门审定并遵照章程实施办学活动"。该文同时指出创建"依法治校示范校"一票否决的三个条件中的第一个条件就是"没有章程"一票否决。2005年12月28日吉林大学第十二次党代会通过的《吉林大学章程》作为现代大学制度建设的科学探索，在高校发展进程中具有里程碑式的意义，自其颁布之日即在国家教育主管部门和全国高校范围内引起了强烈反响。2006年6月15日至16日，教育部在吉林大学召开了"直属高校依法治校工

---

[1] 郑毅：《在自治与自主之间——论我国大学章程的价值追求》，《法学论坛》2012年第5期。

作经验交流会"，对大学章程制定工作做了明确要求和广泛动员。2010年中共中央、国务院联合发布《国家中长期教育改革和发展规划纲要（2010—2020年）》再次明确提出，"完善中国特色现代大学制度，要加强章程建设。各类高校应依法制定章程，依照章程规定管理学校"①。

2011年教育部制定《章程制定暂行办法》以规范与推进高校章程建设。在此时代背景下，许多高校特别是公立高校加大了章程建设步伐。教育部颁布的《全面推进依法治校实施纲要》更是明确要求"各级各类学校，依法制定具有自身特色的学校章程。到2015年，全面形成一校一章程的格局。经过核准的章程，应当成为学校改革发展、实现依法治校的基本依据"。自2013年开始，我国教育部陆续核准了部分大学章程，大力推动了高校章程建设。

高校必须按照法律法规的要求，制定切合高校实际的大学章程，章程应尊重大学自治，体现政府监管与大学自治权、教师学术自由之间的谨慎平衡。并借此使高校内部管理的具体规定与法律法规的原则要求相衔接，进而使大学的决策方式和工作方式转变到以大学章程为依托的轨道上来。目前，很多大学章程的制定只是为了应对升格、更名等程序的需要，与高等学校的管理严重脱节。章程治理并没有实现大学内部管理方式的明显变化，大学章程为学校管理服务的实效不显著。中国大学章程建设依然任重道远。(1)从内容与功能上，大学章程的制定必须要解决中国大学的三大问题：一是大学自主权问题，二是大学投资主体的多元化问题，三是大学内部管理与控制体系问题。如果这三个问题在大学章程中能够得到解决，中国高校的发展将面临更多的发展机遇。(2)授权章程自行制定办学特色部分的规定。《高等教育法》第32条至第38条对大学的自主办学权做出了明确的规定，大学章程完全可以根据这些规定结合本校的传统和实际情况，在培养目标、招生规模、内部管理体制、对外学术交流与合作等方面形成自己的特色并在章程中得到体现。通过不断地探索高等教育自身的发展规律，提升学术品质，形成办学特色。②(3)保障大学章程的实施与功能。高校只有依据章程管理，才会维护学校良好的组织管理秩序，保障师生员工的权

① 湛中乐、高俊杰：《大学章程：现代大学法人治理的制度保障》，《国家教育行政学院学报》2011年第11期。

② 朱福惠：《我国公立大学内部治理结构的"去行政化"探讨——以我国高等教育法第十一条为依据》，《通过章程的大学治理》中国法制出版社2011年版。

益,保证学校健康、持续发展。为此,大学章程的制定进一步明确大学内部治理目标,进一步依据章程制定和梳理大学内部规章制度,细化章程实施的具体程序和要求,完善责任机制等,保证大学内部治理的效果,实现大学发展的科学民主管理,也是建立现代大学制度的关键和根基。

目前,学校章程的修订或制定工作进展顺利,大部分部属公立高校章程已通过教育部核准,一些地方公立高校章程也已通过省级教育行政部门核准并正在实施,已基本实现"一校一章程"。章程能否真正成为高校的根本大法,不仅取决于正确的认识和态度,也不仅在于是否在章程中做出了如此规定,关键在于执行。

（二）章程治理的边界：合法与正当

我国高校管理涉及的规范主要包括三种类型:一是属于法律渊源的宪法、法律、法规和规章;二是教育行政机关制定的其他规范性文件;三是学校自行制定的内部规则,包括学校章程、制度、校规以及各种管理细则等。其中,章程在内部治理规范体系中地位与效力最高,通常被称为大学治理的"基本法"。现代大学治理的法治化需要高校进一步建立健全章程、规章、制度等构成的高校内部规范体系。

1. 章程的合法性考量

大学章程依据法律法规授权而由学校自行制定并经政府教育主管部门核准而产生法律效力,大学内部其他规章制度需要在法律、法规、规章和章程中找到依据或得到授权。2014年教育部办公厅《关于加快推进高等学校章程制定、核准与实施工作的意见》(以下简称《核准通知》)要求"各级教育行政部门要带头尊重大学章程,对章程已确定由学校自主管理的内容,不得任意干预,除规章以上层级的规范性文件外,其他文件要求与经核准的章程不一致的,优先执行章程的规定。教育行政部门对涉及章程执行异议的申诉或者行政复议请求,要依据章程的表述做具体判断"。尽管其亦必须以合法、合宪为前提,但基于高等教育之特殊属性,法律赋予了高等学校以较大的自由裁量权,这也使得章程更多地带上了自主、自律色彩。大学章程作为大学精神的集中体现和大学行为的总规范,实际上是法的治理模式、法的精神和法律条规在一所大学的进一步延伸和具体化、个性化。①

我国大学章程等内部规则的合法性需要考量以下因素。

（1）制定依据：授权或越权？

关于高校内部规则制定权的来源问题，法学理论中至少有两种学说：第一种是国家授权理论，认为高等学校基于国家公权力实施内部管理需要而制定规则的权力来自法律授权，高校也因此成为行政主体中的法律法规授权组织。第二种理论认为学校规则制定权来自学校内部成员的一致认可，作为社会组织的高等学校，其自主管理权来自于成员或成员代表的一致同意，学校成员通过民主程序制定规则并共同遵守，民主本身就是产生权威的一种机制。②我国《高等教育法》明确规定了高校"依法自主办学"和"按照章程自主管理"的权力。在中国法律语境里，高等学校经法律、法规授权依法对其内部事务实行组织和管理，内部规则制定权是其自主管理权的表现形式之一。这种自主管理权，实际上是法律赋予学校为保证实现其机构目标而对其内部事务进行处置的"自由裁量权"。由于自主权的裁量性和法律规定的模糊性，章程的合法合规性难免受到质疑和担忧。得到国家法律的明确授权，是大学治理行为所依据的规范性文件（大学章程）实体合法的第一要件。大学章程制定程序的正当性和合法性既是章程合法性的重要内容，也是论证章程合法性的重要依据。

（2）制定程序：程序正当与否？

依法享有自主管理权并不意味着高校就可以随意制定规则。就章程制定而言，因为制定程序决定着章程涉及的各个权力主体的参与度和一致认可度，章程的制定程序可以看作是落实办学自主权，以及理顺大学与政府、社会关系的程序。只有通过正当程序制定的章程，章程才更具信服力和威信。正当程序原则系指政府对公民基本权利的限制或剥夺只有在遵循具有正当性规定的前提下方能许可。通常表述为"程序参与性原则"和"程序中立性原则"，基本要求有：决定者的中立性、当事人双方的平等性、决定过程的透明性和参与性、防止决定结果的恣意性等。它要求规则的制定和适用程序具有正当性，能有效控制自由裁量权的滥用。由于正当程序弥补了实体规则的不足，可以给高校教育提

---

① 湛中乐、徐靖：《通过章程的现代大学治理》，《法制与社会发展》2010年第3期。

② 钱晓红：《我国高校规章的法治化选择》，《中国高等教育》2007年第6期。

供立法以外的规范依据,一定程度上消解了我国当前受教育者权利保障方面的不足与缺憾。

(3) 制定内容:越权或抵触?

《高等教育法》第11条规定"高等学校应当面向社会,依法自主办学,实行民主管理"。法律赋予高校办学自主权,相应地赋予了高校基于自主管理权制定内部规则的权力。高校内部规则通常根据学校管理实际需要而制定,与法律法规及规章相比,其对学校师生的制约规范效果更直接和明显。按照行政法上的"适用优先规则",只要不构成与上位法的抵触,就应认可其优先适用的效力,它们在实际生活中的作用是毋庸置疑的。但由于授权的高度概括与抽象而导致授权范围不甚明确,难以确切认定这些内部规则是否均在法律授权的自主管理权限之内。

高校制定内部规则或对内部规则进行审查时,如何认定其与法律法规及规章相抵触?事实上高校制定内部规则不仅基于明确授权而为之,更多的是基于法律授予的宽泛的自主权而产生的,甚至是以自由裁量权创造性地做出决定或以此方式直接做出改变法律状况的决定。在这种情况下,如何认定抵触标准?从我国立法精神、法律规范的相关规定以及执法现状看,在没有得到授权的情况下,突破上位法立法范围,在一定程度上是允许的,有时甚至是必要的,并且也是客观存在的。笔者认为,抵触标准的认定要因内部规则的性质及内容而定。对于根据具体性授权而制定的执行性(解释性或实施性)规范性文件,因其内容通常涉及师生受宪法保障的基本权利,故应作严格限制,原则上不能超越上位法的规定范围。而对于其他填补立法空白的内部规则或者限权性内部规则,一般应符合下列要件才具有合法性:符合上位法基本原则与精神;不违背上位法立法目的和意图;不超越专属立法权限;不违背强制性规定;不对抗其他主体的合法权利;遵循正当程序而制定;符合情势变更原则。①

2. 章程对内部规则的统摄

高等学校章程不仅是全面准确地理解已经生效的高校内部各级各类管理规定的条件,更主要的是,高等学校章程的形成和生效,将为制定和认可高校后

---

① 顾建亚:《突破上位法时的抵触标准——以"其他规范性文件"为研究基点》,《中国地质大学学报》(社会科学版)2006年第4期。

续的和具体的管理规定,以及调整和修改已经产生的内部管理规定提供前提。换言之,大学章程,在校内规章制度中起着"宪章"的作用,成为规范学校的办学与管理的各项规章制度制定与实施的"准则"。

这是因为,学校章程规定的是学校的根本问题和重大事项,是学校办学最根本的规范性文件,具有根本性和全局性。所以,学校章程的规定具有原则性和概括性,不可能面面俱到、事无巨细地对学校教育和管理的所有事务特别是具体实施细则做出规定,它需要通过各种大学内部规章制度予以明确、具体和深化。因而学校章程的贯彻落实有赖于建立健全学校的各项具体规章制度,形成学校的规章制度体系。对此,《章程制定暂行办法》在第3条中规定:"高等学校应当以章程为依据,制定内部管理制度及规范性文件,实施办学和管理活动,开展社会合作。"教育部《全面推进依法治校实施纲要》(以下简称《纲要》)进一步指出:"要依据法律和章程的原则与要求,制定并完善教学、科研、学生、人事、资产与财务、后勤、安全、对外合作等方面的管理制度,建立健全各种办事程序、内部机构组织规则、议事规则等,形成健全、规范、统一的制度体系。"以完备科学的大学内部规则体系对接大学章程,不仅是完善大学内部治理依据的需要,也是大学章程得以有效落实的条件和保障。通过将大学章程的规定具体化来实施大学章程不应是被动的,而应是大学自身的积极主动行为。

具体而言,需要做以下几方面事项:一是以大学章程统摄校内规则的协调性与位阶关系。大学章程之所以能成为大学的"宪章",是因其地位的根本性和效力的最高性。大学校内规则不仅依大学章程而产生,而且各个规则以大学章程为标准形成完备统一的体系和等级化的制度层次。二是要以章程为准则,全面清理学校的各项规章制度,对不符合章程或在章程中没有依据、不适应学校改革发展实践要求的规章制度,要及时予以废止或者修改,对保留的文件要进行系统整合,形成以章程为核心的层次清晰、内容规范的制度体系,要依据章程,抓紧制定或修订好党委会议事规则、校长办公会议事规则、学术委员会章程、教职工代表大会议事规则等具体规定,形成完整、有效的内部治理制度体系。总而言之,大学章程是高校全局性、纲领性文件,是学校管理的"母法"。大学章程的制定要有法的依据、完善的内容、严格的制定与修改程序,其实施需要结合学校内部其他具体的规章制度,并形成完整统一的内部规则体系。

三、大学章程与权力规制

大学章程作为大学之"法",对大学权力的运行起到保障和规制作用。一方面,章程通过权力配置与制约、权力运行监督机制等规定,为大学内部权力的规范化、制度化提供重要依据;另一方面,真正体现章程价值的关键在于章程的有效实施,因此,章程的生命力在于执行。章程一旦制定后,如何保障其在高校办学活动与改革发展实践中真正发挥作用,无论在理论研究还是实践探索方面都将成为今后一个关注节点。

（一）大学章程的监督价值

《章程制定暂行办法》第8条规定"章程应当按照高等教育法的规定,健全学校办学自主权的行使与监督机制"。事实上,不仅是监督机制,从章程的目的、内容、制定程序、实施机制等都体现了对权力的监督和制约。

1. 章程目的与制定程序。"健全学校办学自主权的行使与监督机制"是大学章程的重要使命。这为大学举办者、管理者及广大师生指明了大学的治理方向,必然会限制权力享有者不得滥用权力。同时大学章程也赋予了相关利益主体,如教师、学生、行政辖区内的公民以及其他社会组织机构等的各种权利保障,这些权利给予了各种利益主体监督学校运行并提供改进建议的权力。在产生程序上,大学章程是大学举办者协商一致的法律文件,章程的制定要通过利益相关者特别是师生的参与,让师生了解自己的权利等,从而有利于抑制权力者的恣意妄为。

2. 章程的内容与功能。大学章程通过禁止和限制性规范对大学内部权力享有者的权力进行规范和控制,即通过形式化的条文语言来约束行政权力、学术权力和市场权力的滥用。①维护大学自治和学术自由,实现权力的监督与制约既是大学章程的核心内容,也是其基本功能。章程通过对行政权力、学术权力的配置,以及对决策机构、执行机构、监督机构的议事程序等事项的规定,对大学内部机构活动具有明确的规范性和约束力。

3. 章程的实施与执行。章程的实施是对自主权规范行使的促进和保障。

---

① 陆俊杰:《大学章程的法治品格》,《中国高教研究》2011年第8期。

一方面,章程规定了权力运行的监督机制,因而,对章程的充分实施本身就是对权力监督制度的有效落实。另一方面,为保障章程的执行,《章程制定暂行办法》规定,大学应制定落实章程实施的具体办法和措施,并且大学应制定章程实施的专门监督机构。在理想状态下,基于依据章程的治理,权力监督与制约贯穿于大学权力运行的各领域、全过程。

　　国外大学章程大都规定了专门的监督权力,使大学章程受到来自内外部众多利益主体的监督。其中,有涉及国家教育部门的行政监督,有来自专业教育领域人员的专业监督,有来自学校各个行政职能部门的内部监督等多种类型。在国外大学章程中,对于所涉及执行主体的权责都进行了详尽的规定,并在此基础上形成了明确而协调的大学内部治理结构。几乎所有国外的大学章程文本中都有专门的一部分详细阐述各类大学内部治理机构的人员构成和权责划分。大学章程赋予了各类执行主体在大学内部治理范围的合法权利,这已经成为各国各类大学章程的共有要素,其中明确界定了董事会、评议会、校长在大学章程执行过程中应该担负的具体职责。"一般而言,决策机构如大学董事会并不管理具体的行政事务,其制定的政策方针由校长去具体实施。"[1]首先,董事会一般属于大学的最高决策机构和审议机构,对于大学发展的重大事务做出最终决定,并负责监督学校发展的政策执行,其在大学章程执行过程中主要发挥着监督和指导的作用。因为董事会一般都掌握着大学的组织机构、人员编制、财政和金融等方面的管理事宜,这有助于董事会在顶层设计方面发挥"总揽"的作用,并以自身的绝对权威影响大学章程的执行效力。其次,校长和大学内的各个行政职能机构担负着大学章程的主要执行责任。无论是行政外推模式还是组织内生模式,执行权主要由校内的各个行政部门在校长的总体领导下各司其职。校长的权力一般在大学章程中都有明确规定。如英国大学的校长是学校的学术领域主要负责人和最高行政负责人,全面负责学校各项事务的发展方针。法国的大学校长虽然由国家教育行政部门任命,但其职权的来源是大学章程。巴黎第一大学章程中对于校长在大学内部治理中扮演的角色有明确的说明,其中提到,校长领导本大学,负责签署协定和协议、审核学校收支拨款、领导

---

[1]　马陆亭:《大学章程地位与要素的国际比较》,《教育研究》2009年第6期。

学校三个委员会、负责管理机构的所有员工、负责维持学校秩序、负责机构内的安全、授予学校相关人员权力等。由此可见,法国大学校长的权力必然受到各方面的种种限制,但其在大学章程执行过程中拥有相当大的权力,是大学内部治理的主要执行人和责任人。

在英国伯明翰大学章程中有如下说明:本条例规定了行使大学权力的法律架构。它规定了校理事会的组成、事务和权力,也规定了有关大学内部治理的条款和如何促进大学章程载明的目标,对条例的修正同样需要经过枢密院的批准。一方面,通过严格的立法程序赋予了大学章程应有的权威和地位,保证了执行主体所应具备的法律属性和法律效力。美国、加拿大、丹麦等国家的大学章程都将内外部关系主体纳入具有法律地位的体制化管理中,学校在管理框架内依法自主办学,使大学章程能够真正强有力地落实到学校治理的关键环节。另一方面,大学章程规定了大学权力运行程序要符合"最低限度的程序正义原则"。如英国牛津大学规定:参加大学评议会的只能是校长和教授,其选举程序应当由理事会制定规定;教职工大会则有权对理事会就章程或规则修改、撤销或补充所提交的提议做出决议,但其所做出的修改、撤销或补充部分章程的决议必须得到枢密院会议的同意;理事会在行使其职能和权力时,应受到教职员大会通过的所有决议的约束等。

德国大学规定了参议委员会和大学评议会的权力制衡机制,参议委员会既是大学的机构也是柏林州的机构,联邦州政府负责大学事务的代表及校长是参议委员会当然之成员,其他成员则由柏林洪堡大学学术评议会选举产生。日本《国立大学法人法》规定,经营协议会是处理与国立大学法人运作相关的重要事项的审议机关,教育研究评议会是处理与国立大学法人教育研究相关的重要事项的审议机关。以东京大学为例,《东京大学基本组织规章》规定,大学委员会站在全校的立场,对有关东京大学教育研究方面的未来构想进行审议和对教育研究计划进行审查,协助校长及理事的工作。

综上,国外大学内部治理机制表现出决策权、执行权和监督权的分离和制衡特点。一般都由大学董事会承担决策权、大学评议会行使学术事务的决策权、大学校长行使行政权,三者相互沟通、相互制约。由此可见,几乎国外的大学章程中都能够寻找到各种利益主体之间相互合作又相互"牵制"的规定,这些

规定为大学章程的有效运行提供了监督依据。在借鉴国外大学章程的经验提升我国大学章程执行力的实践过程中，

大学章程大多规定了章程在校内治理制度体中的"宪章"地位，但要使章程真正成为"大学宪章"，落实章程在校内规章制度体系中的最高"法律效力"地位，各大学还有很多工作需要做。目前，我国大学章程的作用发挥还处在起步阶段，作为软法，它自身的实施还有待于进一步建立保障机制，因此，对于探讨和完善高校内部的权力监督与制约机制，是教育腐败治理要到达"罗马"绕不开的必经之地。

（二）大学章程的实施与监督

1. 章程实施——合法性监督

大学章程作为推动高校内外部关系有序运行的复杂系统，在章程制定完成后，关键是如何执行，如何保障章程执行的强制力和法律效力。执行力不强，不仅有损大学章程的实施效果，失去应有的效率和效力，而且难以实现章程的统领性作用，更失去其权威性地位，最终遭遇流于形式、束之高阁。[①]从严格的规范性和约束力来讲，软法的实施保障是明显弱于硬法的。因此，在大学自治的制度设计下，大学自治章程的实施离不开有效的监督，否则章程亦无法防范权力的蜕变。监督制度是影响章程执行力的一个重要因素，因为监督制度不仅仅贯穿于各个执行主体之间，而且在大学章程的核心内容——大学治理内外部关系中也时刻体现着监督的力量。由此，监督制度的完善与否直接影响到大学章程的文本能否转化为实践力量。

对章程实施的监督，是一种执行监督，有外部监督和内部监督之分。外部监督一般可包括党内监督、人人监督、民主监督、行政监督、司法监督、审计监督、社会监督、舆论监督等。内部监督是指大学内部成员和机构对章程实施情况的监督。章程的执行监督体系包括监督机构、监督内容、监督措施、监督责任等，形成一个严密的章程监督体系。根据《章程制定暂行办法》和《核准通知》文件，章程实施的监督，简而言之，是对章程实施情况的督促审查与纠错救济，目的在于保障章程的有效贯彻落实。

---

① 王立峰：《高效权力的法治观照》，《复旦教育论坛》2006年第3期。

　　章程实施的监督是一种合法性审查,主要由专门机构来履行监督职能,重点针对重大决策与规章制度的合法性问题以及申诉救济制度,受理对违反章程的管理行为、办学活动的举报和投诉,实质是依据章程对学校各项工作的合法性审查。理由之一:《核准通知》规定,出台重大改革发展决策、制度规范,要依法、依章程实施合法性审查。由于章程规定的基本上是学校内部治理的重要事项,如学校章程规定了学校的办学理念和特色、发展目标和战略,校内各种关系、领导体制、治理结构、管理模式、师生的权利和义务等重要内容①,是学校改革发展、实现依法治校的基本依据,因而对章程实施的监督很大程度上就是对学校自主权运行的全面监督。理由之二:章程是软法,是教育法律体系的重要构成部分,是学校治理的基本依据,与学校内部规章制度的内部效力不同,大学章程同时具有校内校外两方面的效力,具有法的效能。对高校内部监督而言,法治监督主要是对学校章程实施情况的监督。强化高校内部法治监督,充分运用法治思维和法治方式推进反腐治权,有助于增强领导干部依法治校的理念和能力,有利于预防和制止校内违法犯罪案件的发生。

　　《章程制定暂行办法》第30条规定:"高等学校应当指定专门机构监督章程的执行情况,依据章程审查学校内部规章制度、规范性文件,受理对违反章程的管理行为、办学活动的举报和投诉。"据此,章程实施监督机构的主要职责有两方面:(1)对学校政策文件的审查监督,即依据章程审查学校内部规章制度、规范性文件是否与章程相抵触。具而言之,要以章程为准则,全面清理学校的各项规章制度、管理文件,对不符合章程、在章程中没有依据的,不适应学校改革发展实践要求的,要及时予以废止或者修改;对保留的文件要进行系统整合,形成以章程为核心的层次清晰、内容规范的制度体系;要依据章程,对自主招生、资产财务、人事管理等重要问题,以及学术委员会、理事会建设等重要领域,抓紧制定或修订具体规定,形成完整、有效的内部治理制度体系。(2)受理对违反章程的管理行为、办学活动的举报和投诉。高校要建立保障师生及利益相关方依据章程对学校行为提出异议的申诉机制,对申诉请求要及时做出书面答复,涉及对章程文本表述理解歧义的,要及时进行解释。教育行政部门对涉及章程

---

① 湛中乐:《大学治理与大学章程》,《中国高等教育》2011年第9期。

执行异议的申诉或者行政复议请求，要依据章程的表述做具体判断。对司法机关受理的起诉高校的行政诉讼案件，高校在陈述、答辩中要充分反映章程的依据，争取司法机关的理解与支持。

2. 章程实施监督机构

（1）机构类型及存在问题

大学章程实施机构和监督机构不明确，影响章程执行力建设，章程最终可能沦为一纸空文。因此大学有必要设立定位正确、职责明确的章程实施监督机构。在我国，从目前已经核准的大学章程文本分析中看，还存在一些不足，主要是章程实施监督的机构设置不完善。

《章程制定暂行办法》第30条规定，高等学校应当指定专门机构监督章程的执行情况，即授予学校确定章程监督机构的权力。从一些已经被教育部核准的高校章程考察，主要有三类监督机构：一是教职工代表大会，如《东北师范大学章程》《西北农林科技大学章程》《吉首大学章程》《中国人民大学章程》等规定，由教代会"监督学校章程、规章制度和决策的落实，提出整改意见和建议"；另一类是校长办公室，如《上海交通大学章程》《上海外国语大学章程》《电子科技大学章程》等规定"校长办公室监督章程的执行情况，依据章程审查学校内部规章制度、规范性文件，受理对违反章程的管理行为和活动的举报和投诉"。第79条规定"学校办公室受理对违反本章程的管理行为、办学活动的举报和投诉"。教代会和校办作为监督章程执行的专门机构有其合法性、可行性和优越性，特别是《吉首大学章程》将教职工代表常设机构作为章程实施机关规定具有一定的创新性，有利于彰显教职工的主体地位和教代会的民主监督功能，推进高校章程实施。

但总体而言，上述两类监督机构尚存在一些不完善之处：第一，教代会是广大师生参与民主管理和监督的基本形式，因不是常设性机构，按照其现有的机构配置和运行方式，在承担章程的常规检查、督促方面存有实际操作上的难度，其难以承担章程实施监督及落实章程实施后果等重任，可能导致教代会监督权力的虚置。第二，校长办公室是常设的专门化机构，在履行监督职责上具有现实基础，近年来一些高校聘用法律人士充实校办队伍，为章程监督奠定了较好的专业基础，但校长办公室承担诸多全校范围的事务性工作，章程的监督更需要职能相对集中的专门机构以保障实施效果。

第三类是综合性实施机关,如《北京大学章程》第55条规定"学校设立章程委员会负责、监督本章程的执行情况,依据章程审查学校内部规章制度、规范性文件"。《北京航空航天大学章程》第83条规定"学校设立章程监督委员会,作为监督章程执行的机构,章程监督委员会成员由学校党委常委会聘任,章程监督委员会监督章程的执行情况,依据章程审查学校内部规章制度、规范性文件,受理对违反章程的管理行为、办学活动的举报和投诉"。理想状态下,综合性实施机关具有成员构成多元、监督职责具体、监督地位独立和监督行使权威等优点,为高校建设章程执行监督机构提供了可资借鉴的范例。

此外,即便有些章程明确了监督机构,但对于监督机构的产生、地位、效力及责任等没有做出规定。比如,章程一般只笼统地规定教代会具有监督学校章程、规章制度和决策的落实并提出整改意见和建议的权力。如何落实这种权力,教职工提出的意见和建议具有怎样的效力、是否被采纳,这些均未能在章程中得到明晰和保障。《核准通知》要求"校长要作为章程执行的第一责任人",把章程执行情况"作为年度述职报告的内容"向教职工代表大会作专门报告。目前大学章程大多没有设定违反章程的责任追究条款。从而使章程沦为一种摆设,章程的权威性也大打折扣。

(2)创新大学章程实施的监督机构:基于法治监督的视角

首先,强化法治监督是高校内部监督权运行的路径走向。法治监督是指对法律实施情况的监督。[1]对高校内部监督而言,法治监督主要是对学校章程实施情况的监督。强化高校内部法治监督,充分运用法治思维和法治方式推进反腐治权,有助于增强领导干部依法治校的理念和能力,有利于预防和制止校内违法犯罪案件的发生。长期以来,高校习惯于把监督工作的重心放在查错纠偏上,偏重于对被监督者的事后惩戒,忽略了权力行为发生之前的事前预防和事中控制。[2]与纪检监察、审计部门侧重于事后追究责任的监督模式相比,法治监督更强调以预防为主,是一种合法性或规范化监督,主要运用法制教育、制度规范、法律制裁等方式,目的在于防止、发现、纠正不合法现象。在全面推进依法

---

① 张文显:《建设中国特色社会主义法治体系》,《法学研究》2014年第6期。

② 尹晓敏:《透明度、权力监督与高校腐败治理》,《高等教育研究》2012年第10期。

治校的语境下,强化法治监督,能促进高校权力运行的各种监督类型相互补充、相得益彰,进而构筑起一个多元化的监督体系,共同发挥对高校自主办学权力依法有效运行的监督与保障作用。从机构性质、职能配置等视角看,现有监督机构在履行法治监督职能方面是不够的,需要进一步创新和充实内部监督机构体系,通过拓展专门化机构以便能更充分地承载法治监督职能。

其次,高校法制机构是有效实施法治监督的理想载体。近年来,随着依法治校的积极推进,一些高校纷纷设立法制机构或聘用法律顾问,负责处理一些法律相关事务,如浙江工商大学于2009年设立法律事务室,主要负责为学校重大决策提供法律意见、为学校内部管理提供法律咨询、对规范性文件进行合法性审查、对各类合同进行审核管理、组织听证事务、协助处理校内争议裁决、承担校外诉讼和仲裁事务等。法制工作机构是高校大力推进依法治校不可或缺的重要组成部分,较之学校其他机构,它在人员配置上以法律人士为主,更具备法治监督所需的专业优势和现实基础,因而是承载法治监督职能的理想载体,这也是与《纲要》精神和内容相契合的。第一,《纲要》指出要全面、大力、加快推进依法治校,发挥法治在学校管理中的重要作用。法制部门正是高校为提高治理的法治化水平而完善内部工作机制的重要产物。第二,《纲要》指出要把法治作为解决校内矛盾冲突的基本方式。法制部门在协助学校管理层运用法治思维和法律手段解决改革发展中突出矛盾和重大问题的能力可谓得天独厚。第三,根据《纲要》要求,高校要建立并综合运用信访、调解、申诉、仲裁等各种争议解决机制,依法妥善、便捷地处理学校内部各种利益纠纷。这一规定无疑进一步充实了法制部门的个案监督职能。

最后,高校法制部门可依法成为监督章程执行的专门机构。在多种可能的选择面前,基于优化要素的考量,让学校法制工作机构承载章程执行的监督职能,不失为一种有益的探索。学校法制机构在监督章程实施的工作优势是显而易见的:一方面,法制部门作为处理校内外法律事务的常设机构具有监督章程执行的基本要件和现实基础;另一方面,也是符合章程监督工作实际需要的。章程执行的监督职责主要包括:依据章程审查和完善学校内部规章制度,收集章程实施过程所出现的问题与信息,受理对违反章程的管理行为、办学活动的举报和投诉,并向校长办公会议、校党委常委会报告章程执行监督情况等。法制机构的人员、职能配置以及已有的工作基础都为履行章程监督职能奠定了良好的基础。

高校需要进一步加强法制机构自身建设以保障章程监督的顺利开展。首先，高校应健全法制工作机构的设置。目前高校以兼职工作人员为主的人员配置状况不能满足高校大量的法制需求，没有适合校情的切实发挥作用的法制机构和人员，依法治校工作的深入开展将受到极大约束。[①]高校可依法运用自主管理权来创设法制工作机构或更新其职能，如《中国人民大学章程》《东南大学章程》规定"学校根据工作需要，可设置、变更或者撤销学校的党委和行政部门，并可根据实际情况合理调整各部门的职能"。法制部门可以独立建制，也可以是内设机构，比如在校办内设法律事务科室，显然前者可以更好地保障其履行监督职责的独立性和权威性。其次，要完善法制机构的监督职能配置及运行方式。通过改良高校法制部门的权力配置和内在架构，使之在为学校提供法律服务的现有职能基础上，依法建设成为专业的、权威的新型内部监督机构。比如，法制机构对违反章程的行为有权制发《纠正违法通知书》或《章程监督书》，并享有以下权能：在查明案件事实过程中的质询、调查和取证权；对争议纠纷启用听证等相应程序的动议权；对所涉案件实体处理方案的建议权，对不合理方案或决定的否决与撤销建议等。最后，需要指出的是，法制机构纳入学校内部监督机构体系，主要是从功能上的定位，而不是性质的转移，并不是要凌驾于纪检等部门之上，主要是加强章程实施的法治监督力度与专业化监督程度，整合监督机构的力量，修正现有机构在监督权运行上的不足，强化高校监督权的地位与作用。换言之，不是要取代，而是一种必要和有益的补充。

以高校法制工作机构为重要补充的大学内部全方位、多元化监督机构体系，是一种以法治思维和理念为中心的结构安排，加强了内部法治监督，吸纳了分散的监督力量，整合了现行监督机制，体现了高校监督机构法治化、高效化走向，暗合了党委领导、校长负责、依法治理、民主监督的现代大学制度理念，有助于充分发挥各监督主体的积极作用和对多种监督形式的综合运用，从而提高监督的整体效能，扎实稳健地推动依法治校和现代学校制度的建设进程。

---

① 郭秀晶、王霁霞、马乐：《首都高校法制机构建设调研报告》，《北京教育·高教》2008年第9期。

第三章
权力内控:权力·约束·体系

权力的监督与制约,是一个经久不衰的研究课题,它有着源远流长的研究历史和多层面、多角度的理论成果和实践探索。对大学而言,如何建立科学的权力运行约束机制和有效的监督制约体系意义重大,这不仅是其未来反腐倡廉建设的重要任务,也是保障大学始终成为传播精神文明净土之地的基础。

一、权力监督概述

（一）自治权的侵蚀、滥用和维护

1. 权力与监督

权力是一个被广泛运用的概念,是政治学、管理学、法学、社会学等多学科一般理论的基本范畴。中、西方关于权力的定义不下百种,如马克斯·韦伯认为,权力"就是在一种社会关系内部某个行动者将会处在一个能够不顾他人的反对去贯彻自身意志的地位上的概率,不管这种概率的基础是什么"[①]。托马斯·戴伊认为,权力"不过是担任某一职务的人在做决定时所具有的能力或潜力,而这种决定却能影响这个社会制度中的其他一些人"[②]。无论从哪个角度定义权力,归根结底,权力是一种具有支配、控制或影响他人的能力和力量,具有强制性、支配性等功能。

一般地,权力具有以下特性:第一,权力是一种能力,包括实际能力和潜在能力。第二,权力的行使强调其拥有者的主观意图,表明了个体行动者的目的

---

① 〔德〕马克斯·韦伯著:《经济与社会(第1卷)》,阎克文译,上海人民出版社2010年版,第147页。
② 〔美〕托马斯·戴伊著:《谁掌管美国》,张维等译,世界知识出版社1985年版,第9页。

性和意向性。基于这两点,权力具有天然的膨胀性和向恶性。第三,权力关系都具有单向性或非对称性,即某些人有影响他人的权利,而反过来就没有类似的权利。①由此可见,权力的行动者具有排除抗拒的可能性,哪怕是遇到反对也能贯彻自己意志的任何机会。综上,正如孟德斯鸠所言"一切有权力的人都容易滥用权力,这是万古不变的一条经验。有权力的人往往使用权力一直到遇有界限的地方才休止"。由此,有权力的地方就有监督存在;否则,权力过分集中,缺少制约和监督,必然滋生腐败,这种历史现象屡见不鲜。基于此,防止滥用权力的民主监督已成为现代组织的一个基本要求。

各种具体权力的运行过程需要进行一些必要的合理的制约,已成为人们的共识。但对于如何进行权力制约,通过什么方式、手段和途径进行制约,以建立起符合国家政治制度和权力结构的权力制约机制,人们的思路不尽一致。权力制约机制是一个与一定国家、社会的政治体制、权力结构、社会历史、文化传统和心理等密切相关联的问题。在某种程度上可以说,一个国家的具体的政治体制和权力结构直接影响或决定着这个国家的权力制约模式。

在我国,有学者梳理评析了六种权力制约类型,分别是:以法律监督权力、以权利制约权力、以权力制约权力、以监督体系制约权力、以利益制约权力、以责任制约权力。概而言之,法律的制约监督力最强,因为法律所具有的国家意志属性,法律以国家强制力为后盾的广泛约束力,是其他任何社会调整手段所不能替代的。权利和权力是法律上的一对基本范畴,它们具有相互依存相互制约的密切关系。以法律关系的重要组成内容之一的"权利"来作为制约权力的一个基本要素,有其可操作性的价值。权力制约权力,是指17、18世纪欧洲启蒙主义学者所提出的"三权分立","分权制衡"的政治主张所内含的一种权力制约的思路,同样具有可操作性,但它同我国的国情、政治制度是不相符的。监督体系的制约是通过对各权力主体的外部监督来发挥作用的,这种外部监督就必须形成制度化、经常化和有效化,否则起不到制约作用。以利益制约权力,即利益是权力行为的一个推动力或出发点,用"利益"作为制约因素和制约力量,使权力运行受到影响和约束。但其内容比较模糊,思路颇为抽象,少有操作性。

---

① [美]丹尼斯·朗:《权力论》,陆震沦,郑明哲译,中国社会科学出版社2001年版,第3页。

在比较分析基础上提出：首先，建立权力制约机制，其目的是为了使权力在正确的轨道上运行，为国家和人民的利益服务，防止和惩治各种各样的权力腐化行为。其次，针对在我国权力运行过程中权力主体的权力和责任相脱节，缺乏有机的联系的弊端，提出以责任制约权力的观点，作为一种内部的自我制约机制。①

权力是决定资源配置规则并影响资源配置结果的重要因素。在教育资源稀缺的情况下，资源配置往往演变为权力冲突，大学的运行和发展也被资源与目标的冲突困扰着。当教育者有意或无意地承认教育权力是一种赋予的控制和支配特权，而不是由教育者和受教育者在公共生活中共同建构的权力时，权力必将沦为暴力并走向自由的对立面。因此，高校必须建立良好的监控机制，以有效防止决策失误、行为失范和权力失控的现象的发生。随着我国高校办学自主权的逐步落实，加强高校内部权力制约的问题日益凸显。高校自主权的拓展势必带来更多协调问题，它的弊端必然带来对它更多的控制与监督，如果没有一定程度的约束，大学很有可能滥用办学自主权以谋求组织利益而损害公共利益或侵害学生利益等。高等教育制度改革之所以困难重重、步履维艰，原因大抵都源于此。

2. 自治权的侵蚀与滥用

自主权的侵蚀是指政府对大学内部治理的不当或过度干预。伴随现代社会政府职能的不断扩张以及大学教育经费对政府依赖性的增大，大学不可避免地受到政府及社会日益增多的干预。哈佛大学前校长德里克·博克不无担心地指出："来自大学外部的一个令人忧虑的变化是，政府的规定有越来越多的势头。当知识和高等教育在社会中扮演的角色越来越活跃时，国家自然希望能确保大学为公共利益提供服务。……所有这些规定都出于很好的动机，大多数是完全合理的，问题在于政府的干预还走多远。"

其实，即使在中世纪，大学虽有一些自治权力，处于世俗政权和教会势力争斗夹缝中的大学臣服于罗马教廷，遵从教廷的政策，受到其钳制。1850年是英国政府干预大学的开始，政府组织了一个专门委员会对牛津大学和剑桥大学进行视察，之后颁布了关于这两所大学的法规，称为《牛津法》和《剑桥法》，这两个

① 刘作翔：《廉政与权力制约的法律思考》，《法学研究》1991年第5期。

法规只是在宏观上要求大学改变教学目的,培养政府需要的官员,大学内部的事务并没有多少硬性规定。但是,这件事情标志着,大学自治的堡垒已被打破。从此,政府对大学的干涉越发频繁和严重起来,1919年大学拨款委员会成立,政府通过对大学进行拨款来达到间接对大学进行控制的目的,1989年大学基金委员会取代了大学拨款委员会,意味着政府干预的加强,因为大学拨款委员会的主席通常由学者或大学前副校长担任,他们往往会做出有利于大学的决定,而大学基金委员会的主席通常由企业家或工程师担任,显而易见他们代表的是社会工商界的利益,从而对大学自身的发展造成不利的影响。①

随着社会的发展,大学自治这一现象已经慢慢受到外部各种因素的侵蚀而使得其发生了变化。大学自治虽然遭受了前所未有的侵蚀,但不容忽视的是,它仍然是大学学术发展及大学教育管理的活力之源。大学积极通过多种途径来维护自治权,如在美国,除大学协会设有专门与政府沟通的部门之外,很多大学也都设有专门处理政府与大学关系的机构,通过专门的人员或办公室负责与政府之间的沟通联络,一方面积极争取来自政府的政策和资金支持,另一方面也通过这一渠道积极参与到国家和地方的公共事务之中。一般是主管副校长或专门的职能部门在采取具体的干预措施,必须遵循一定的原则,从而确保政府的干预能够收到积极的效果而不是造成对大学发展的阻碍。

此外,各国还借助法律的权威来维护大学自治,主要通过完善教育立法、司法审查和推进章程建设的方式,让大学自治不再是一种倡导,而是一种可以落到实处的规定。例如美国1961年"狄克逊诉阿拉巴马教育委员会案"后,法院认为教育已经成为一种根本性的需要,因而必须被看作是一种实体权利,在这一领域中适用正当程序。这些规章制度不会随意更改,这种超稳定的大学运行机制为大学的自主提供了保障。

一般地,为防范大学自治权遭受侵蚀,政府需遵循以下原则:(1)公益性原则,即政府对大学事务的干预必须是出于公共利益的需要,而不是出于部门利益或者私人利益的考量;(2)必要性原则,即政府的干预应当在必需的前提下进行,如果有其他的解决途径,则政府力量没有干预的必要;(3)合法性原则,即政

---

① 李海莉、马凤岐:《大学自治的演变及其有限性》,《理工高教研究》2010年第2期。

府对大学的干预既要符合理性的预期，也要符合法律的规定与要求。具体来讲，纳入公共领域、属于大学外部事务的领域主要包括：关于高等教育民主与教育公平、教育机会均等的事务；关于高等教育质量的事务；关于高等教育经费的分配与使用的事务；学生受教育权利保障的事务；关于大学师生员工公民权利或义务的事务；关于科学研究的公共安全与伦理的事务等。同时，政府的干预应当止于大学自治和学术自由。

在我国，政府对高校自主管理的干预同样存在。对此，《国家中长期教育改革和发展规划纲要（2010—2020年）》指出，落实和扩大学校办学自主权，政府及其部门要树立服务意识，改进管理方式，完善监管机制，减少和规范对学校的行政审批事项，依法保障学校充分行使办学自主权和承担相应责任。可见，政府进一步转变职能，依法规范对学校的管理行为，落实学校的办学自主权是大势所趋。具体而言，"实施监督和督导相结合的管理机制，是高等教育体制改革的重要内容"。"对高等教育的直接管理功能应有所收缩，监督的功能应有所扩大。""在监督方面，既应有政府直接的教育行政监督，又应有相对独立与政府行政部门的教育督导。"①

（二）自治监督：外控与内治

1. 外部监控

张楚廷先生指出："在讨论大学内部管理时，仍然不得不涉及外部，问题常常是交叉发生的。而中国的实情又告诉我们，外部对大学的影响巨大……因而，有些问题既是内部问题，又是外部问题。"②其中，政府对大学治理的监管即是重要的外部问题之一。自主权的监督有外部控制和内部控制两类，外部控制主要包括人大监督、法律监督、舆论监督、公民监督等。在国外，大学自治权运行的监管形式主要有：独立性与能力的总审计、法律与秩序传统、权力制衡、信息向公众开放、司法体系、法定制裁、公共部门规制（政府管制）。除此之外，某些其他因素也会起到一定的监督作用，比如政府结构、公民教育、文化因素、发展援助组织。

---

① 孙霄兵：《中国特色现代大学制度建设研究》，教育科学出版社2012年版，第83页。
② 张楚廷：《高等教育学导论》，人民教育出版社2010年版，第169页。

关于外部控制,德国的高等教育行政主管部门把监督从类型上界定为两类:法律监督和专业监督。不论是联邦的《高等教育总纲法》还是各州的高等教育法都对法律监督做出了明文规定,内容是类似的。法律监督主要是教育行政主管部门依据国家颁布的法规,对高等学校的办学行为进行检查,从而保证大学必须履行和完成其应承担的责任与任务。需要说明的一点是,法律监督仅限于检查大学整体行为的合法性上,而大学决策的适合性则不在其业务范围之内。对专业监督的定义,州与州之间是有差异的,但综合起来,专业监督的重点主要是检查学校的人事管理、经营运行状况、财务状况和学生医疗保险情况等。[1]

在我国,政府的外部控制主要通过财政拨款、审计监督、教育质量评估等途径。在高教系统中,大学权力运行首先要受到来自上级教育主管部门的制约和监督。一般情况下,上级主管部门主要是通过下发红头文件通报重要事件、召开各类综合或者专项会议了解进展情况,上报各种党风廉政相关的统计数据等形式开展工作,在切实做好上级和党委布置的工作任务,行使权力运行制约和监督职能时,并不能给予纪检部门特殊的独立地位。

此外,探索董事会或理事会制度。"《国家中长期教育改革和发展规划纲要(2010—2020年)》指出,探索建立高校董事会或理事会,健全社会支持和监督学校发展的长效机制。在中国大学,董事会、理事会不是决策机构,而是社会合作机制。"[2]即便其具有一定的监督职能,发挥监督的作用,也是柔性的、外围的,并且是方向性的、声誉方面的、社会评价意义上的。在加强针对高校的外部监督上,则有一种"监事会"说。有学者在汲取和借鉴公司治理结构、现代制度经济学等的理论和制度的基础上,检讨了我国高校存在的决策权力过于集中、监督机制弱化等弊病,主张"从外部对公立高校的运行进行监督"。同时指出,尽管在高校权力结构中,"教职工代表大会居于参政与监督地位",但是其监督评议权力仅仅是一种"辅助性权利",并不具有决定效力,"教代会无法行使对学校党委决策权……高校行政权的监督"。因此,"应仿效国家管理国有大中型企业办法,建立公立高等学校监事会制度,通过适当的外部机制来制约高等学校法人

---

① 张新科:《教育评估——德国高等教育界推崇的监督模式》,《外国教育研究》2004年第7期。
② 孙霄兵:《中国特色现代大学制度建设研究》,教育科学出版社2012年版,第132页。

的权利运行"①。由此,加强大学外部利益相关者对大学的监督,被作为一个重要选项。还有学者主张:增加一个由大学外部利益相关者和大学内部弱势利益相关者代表参加的评议监督机构,对学校的工作和"内部人"的行为进行评议监督,就显得非常重要和必要。在大学内部监督弱化的情况下加强这种利益相关者监督机制才能保障出资人、学生、教师等利益相关者的利益维护高等学校的公益性目标,使高等学校健康运行。②

随着教育行政改革的深入,政府转变监管方式,简政放权,以防止对自主权的侵蚀,逐渐注重从外部监管转向完善学校自身的内部治理、加强自我监督,由此,高校内部治理的重要性凸显。强化内部监督,既是完善大学内部治理建设现代大学制度的需要,也是公民监督权和法治监督和约束不断强化的外部取向所致。我国《教育法》第29条规定了学校及其他教育机构应依法接受监督。公立高校作为在一般意义上的提供公共服务的非营利性社会组织和法律授权情况下的行政主体,其权力运行不仅要受到法定组织机构的监督,而且要接受学校利益相关方的民主监督,后者也是公民基本权利的具体表现和落实。

2. 内部治理

在我国,完善中国特色现代大学制度的目标,主要以章程建设为载体,完善高校内部治理结构。大学治理结构,形式上体现为一种对大学进行管理和控制的体系,实质表现为大学内部权力的分配、协调与行使的制度。按照《章程制定暂行办法》规定,治理结构具体可包括:学校的领导体制、组织结构、决策机制、民主管理和监督机制,内设机构的组成、职责、管理体制等;学校内部管理体制及其运行机制;明确大学最根本的领导体制是"学校实行党委领导下的校长负责制",明确校长的权利和职责,学校主要会议制度、重大事项的决策方式和程序;师生员工参与学校民主管理和监督的形式等。

大学依法享有自主权,这是大学实施自我管理的前提。自主权的落实需要内部治理体系的支撑和保障,权力配置和权力运行是机构治理所必需的。目前,我国大学治理尚存在诸多的问题,与现代大学制度的要求存在极大的差距,其中最主要体现在以下三个方面:(1)党委与校长的责权不明确,教代会监督权

---

① 陈鹏、刘献君:《我国公立高等学校法人治理结构的缺陷与完善》,《教育研究》2006年第12期。
② 李福华:《利益相关者理论与大学管理体制创新》,《教育研究》2007年第7期。

弱化;(2)学术权力与行政权力失衡,学术权力不断萎缩;(3)学校、院、系权责不对等。①完善大学内部治理体制,关键在于完善以下两方面内容。

(1)分权化。关于我国高校内部权力的划分有两种说法:①权力"三分说",认为政治权力、行政权力和学术权力是存在于我国高校的主要权力,三者既各自独立成为系统,又相互联结、相互依托,构成完整的学校内部权力运行体系。处理好这个过程中政治权力、行政权力和学术权力的关系,可以保证权力的有效进行,使学校的管理处于最佳状态。②②权力"二分说",根据《高等教育法》第4章的规定,高等学校的组织和活动大体分为学术和行政两大类,由此,这些组织和活动的管理必然隐含着两种权力形式,即学术权力和行政权力。③目前来看,"二分说"是主流观点。即认为,大学是行政权力和学术权力两种性质不同、行使方式各异的权力并存并行、既相互作用又相互制约的二元结构系统。学术性和文化性是大学组织的根本属性。学术权力居主导地位,行政权力服从和服务于学术权力,居从属地位。分权化即是这种权力性质意义上的,一方面体现学校的重大事项由学术权力和行政权力共同决策管理;另一方面是纵向的分权,各个层次决策的事项及职责的清晰规定,各个层次的决策机构分别履行各自的职责。

(2)去"行政化"。大学的内部行政管理体制完全按照履行国家公共管理职能的行政机关来组织。现在的大学从副部级、厅级、处级、科级等行政组织的级别体系来组织学校的各种机构,不仅学校领导及机关部处实行严格的行政级别标准,学院、研究院以及科研实体也必须有一定的行政级别。导致大学与政府机构的组织方式趋同化或者同质化。这种组织架构加速了大学的行政价值取向,不符合大学作为教学和科研组织体的学术价值取向。④就内部权力的运行而言,我国大学普遍存在"行政化"的倾向,其主要体现为校内行政权力极度

---

① 湛中乐:《现代大学治理与大学章程》,《中国高等教育》2011年第9期。

② 刘庆东:《高校决策执行监督机制研究》,《黑龙江教育(高教研究与评估)》2011年第8期。

③ 崔卓兰:《高校决策管理法制化研究——以学术权力与行政权力均衡配置为视角》,《社会科学战线》2012年第5期。

④ 朱福惠:《我国公立大学内部治理结构的"去行政化"探讨——以我国高等教育法第十一条为依据》,《通过章程的大学治理》中国法制出版社2011年版。

膨胀,高校内部管理氛围官样化,学术权力被极大窒息等。①什么是高校的行政化,概括地讲,高等学校的行政化是指高等学校按照行政机关的体制来组织并按照行政机关的绩效模式来管理教学和科学研究活动,使高等教育脱离追求真理、探索学术的独立品格。②

抑制行政权力的膨胀或"去行政化",凸显"学术权力"的地位和作用,同时对行政权力进行正确定位,使学术权力和行政权力得到有序、动态的合理配置,是学校良好运行的前提。去行政化的主要措施是凸显学术权力,加强学术权力与行政权力的制衡。任何权力都需要有制衡,缺乏制衡的权力都可能走向异化。关于高校内部权力配置与制约问题,学界研究颇丰,提出了不少有价值的研究成果。有学者提出,应充分发挥学术委员会等学术组织的作用,加强学术权力;建立二元权力耦合模式,整合学术权力与行政权力;合理划分学校权力与院、系权力,调适学术权力与行政权力;正确处理学术带头人与行政负责人的关系,协调学术权力与行政权力,形成学术权力与行政权力有机耦合、良性运行的新机制。③有学者主张"学术委员会"说,即立足"建立权力平衡与制约的结构体制",指出:"现代大学制度的实质在于权力结构的平衡与制约,这就应是党委会决策、校长行政执行和学术委员会监督的三权分立模式。""主张高校学术委员会责无旁贷地承担起高校的内部监督职能,充分地享有神圣的监督权。它可以监督审议党委会所做出的各项学校决策,也为教职工的各类不平等冲突提供申诉的平台。"④

二、权力运行的内部监督

大学内部监督的完善架构在一个健全的内部治理制度体系之下。其中,内部治理结构是否健全,权力配置是否合理,权力运行机制是否完善等,直接影响到内部监督的实效。

---

① 郑毅:《在自治与自主之间——论我国大学章程的价值追求》,《法学论坛》2012年第5期。
② 朱福惠:《我国公立大学内部治理结构的"去行政化"探讨——以我国高等教育法第十一条为依据》,《通过章程的大学治理》中国法制出版社2011年版。
③ 毕宪顺:《高校学术权力与行政权力的耦合及机制创新》,《教育研究》2004年第9期。
④ 杨克瑞:《中国高校的权力结构与监督模式》,《清华大学教育研究》2010年第2期。

（一）治理结构——"三权结构"

官僚制的总体特征是权力的集中化，是决策权对执行权的控制和监督，是三权相对混合的结构。官僚们的行为受到正式规则的制约，在一种规则控制关系中成为官僚制的从属者，实质上是自主权的缺失。从管理学的角度看，一个完整的管理系统应包括监督反馈，这样从决策出发，经过指挥执行，再经过监督反馈构成一个完整的"闭合回路"。①基于此，组织内部的管理需要分工与合作。大学活动的多样化、复杂化使得管理分工成为必要，按照管理分工的效率原则可以将大学管理过程分为决策、执行与监督三种不同的活动环节，形成"决策权、执行权、监督权既相互制约又相互协调的权力结构和运行机制"。决策、执行与监督是任何管理的三项基本活动。从科学管理过程看，任何政治组织都需要实行决策活动、执行活动与监督活动的三事分工，决策、执行与监督三事分工是复杂政务活动提高效率、实行科学管理的必然要求。②

大学的治理结构是现代大学制度的本质与核心，完善内部治理结构的首要任务在于合理配置权力。权力是实施管理的必要条件，高校对内部管理中各类权力进行科学、合理地配置，使不同类型权力之间形成有效制约，是实现科学管理的基础，也是防止权力失范、预防权力腐败的重要措施。合理的权力配置制约，意即如何适当地配置给某一行政机关或部门相应的管理权力。一个权力行使主体不能有超出它管理和事务范围的权力，也不应缺乏它管理该事务所必要的权力。

权力结构是权力之间的关系及其运行机制。对权力进行分解是认识其内在结构的前提，从不同的视角可以对权力进行不同的分类。③关于权力的构成，最有影响的是西方的分权理论，发轫于亚氏的法治理念，由洛克最先提出并经孟德斯鸠完善，作为美国政治信条的三权分立与制衡理论，即"以权力制约权力"的理论。亚里士多德在《政治学》一书中，尝试将政府分为三部分，从事政府公职人或为思辨官、或为执政官、或为司法官。洛克在《政府论》中，将政府的功

---

① 刘庆东：《高校决策执行监督机制研究》，《黑龙江教育（高教研究与评估）》2011年第8期。
② 陈国权、谷志军：《决策、执行与监督三分的内在逻辑》，《浙江社会科学》2012年第4期。
③ 陈国权、谷志军：《决策、执行与监督三分的内在逻辑》，《浙江社会科学》2012年第4期。

能区分为立法、行政和结盟(相当于今日的外交)。孟德斯鸠则被公认为是"权力制约权力理论"的集大成者。他在研究英国政制的基础上,首次把国家权力划分为立法、行政与司法三种类型。与洛克不同的是,孟氏认为权力分立的目的在于防止专权暴政,因而强调权力间的相互制衡。①

基于西方分权理论的影响,分权化是西方国家大学权力关系模式的普遍现象。从权力运行环节和职能视角,在大学内部治理结构中,权力通常划分为决策权、执行权、监督权三类。决策权、执行权、监督权之间的关系,是一种基本的权力关系,由三种权力成分及其相互关系才形成了所谓的"三权结构"。决策权、执行权、监督权三种权力构成了权力结构的整体,"三权结构"是一种更具有包容性的权力划分方式,因而更具有可操作性和普适性。

在我国,党的十七大明确提出,要"建立健全决策权、执行权、监督权既相互制约又相互协调的权力结构和运行机制",确保权力正确行使。这是改革开放以来党在探索权力制约和监督机制方面取得的重要经验和实践成果,这一重要论述为深化高校内部管理体制改革指明了方向。我国高校要建立现代大学制度,必须建立决策权、执行权和监督权既相互制约又相互协调的权力结构,确立"党委领导、校长管理、教授治学、民主监督"的体制框架,形成结构合理、决策科学、执行顺畅、监督有力、运转高效的内部权力运行机制。②

通过科学合理地设计"决策权—执行权—监督权"的"三权结构"流程,解决目前我国大学内部治理决策、执行和监督的职能不分、监督流于形式现象,正是现代大学制度建设的一个焦点问题。当前比较现实的方式是在既定治理体制框架内,实现决策权、执行权和监督权之间相互制约和相互协调的关系,形成结构合理、配置科学、程序严密、制约有效的权力运行机制。

"决策权—执行权—监督权"的"三权结构",在强调三种权力相互制约的同时,提醒了监督权的重要地位,以便更好地保障前两种权力的运行合法、正当、规范、高效,防范自主权的滥用以及防范和惩治腐败。具体而言,合理划分、科学配置党政部门及其内设机构的权力和职能,明确职责定位和工作任务,整合机构职责,划定权职范围,对过分集中的权力事项进行"剥离和分割",使各种权

---

① 方世荣：《论行政权力的要素及其制约》，《法商研究》2001年第2期。
② 刘庆东：《高校决策执行监督机制研究》，《黑龙江教育(高教研究与评估)》2011年第8期。

力既相互制约又相互协调,防止个人或少数人专断。一方面,制约和监督权力,必须健全决策权、执行权、监督权既相互制约又相互协调的权力结构和运行机制,强化权力的内部监督,促进权力规范行使。另一方面,"三权结构"不是完全的相互分离,必然存在着三权之间的局部混合,也必须具备三权之间的相互协调,尤其是决策权和执行权之间的相互协调。就同一主体来说,可能行使多种权力,常常互相包含、交叉,关系错综复杂,比如,决策者除了行使决策权还应监督决策的实施,执行者也是下位目标的决策者。

一般地,官僚制"三权结构"中的监督权可分为两种类型:一是上级对下级的执行监督(这一类型的监督将在第六章中阐述),主要是对决策执行情况的监察与督促,以效率为原则,以绩效为考评。二是对权力滥用的控制,以反腐廉政为主要内容的监督。即一般意义上的权力监督。

(二)内部监督权及运行体系

2012年11月,我国教育部印发《全面推进依法治校实施纲要》(以下简称《纲要》),指明了保障学校权力依法规范行使和有效监督是全面推进依法治校的关键;2014年,教育部办公厅《核准通知》进一步明确"要着重规范高校办学自主权的行使与监督机制"。基于此,高校已初步建立内部权力监督和制约机制,并取得了一定的工作成效,但权力监督制约的力度与高校反腐倡廉的形势要求仍存在较大距离,内部监督整体不力。有关高校尽管反腐与权力监督的研究成果颇丰,却基本囿于监督机制的问题与成因分析,对于切实提升内部监督效能、增强实践解释力上仍显苍白乏力。笔者以为,要谋求高校内部运作良好的监督机制,还须从监督权本身及承载其职能的机构加以考察。

1. 内部监督权:含义、性质与价值

权力需要监督,监督更需要权力。在大学治理中,仅有决策与执行的分离是不够的。政治学之所以提出三权分立,就是因为独立的监督权是不可缺少的,并不足以保障决策与执行二者的有效运行,更应提防运行方式的蜕变,即权力的合谋。权力结构上虽然设计了二者的监督制约关系,但正如现代博弈理论所揭示的,多次博弈后的结果就是走向二者的"合作",权力制约蜕化为权力"相敬",结果依然是有违制度设计的初衷。这样,具有至高无上地位的独立监督权

就是非常有必要的。①

监督权是我国宪法规定的一项公民基本权利，一般指公民有监督国家机关及其工作人员公务活动的权利。具体而言，公民可以对国家机关及其工作人员提出批评、建议，对其违法失职行为提出申诉、控告或者检举。从语义上解释，监督即对现场或某一特定环节或过程进行督促和监控，使其结果能达到预定的目标。

我国《教育法》第29条规定了学校及其他教育机构应依法接受监督。公立高校作为在一般意义上的提供公共服务的非营利性社会组织和法律授权情况下的行政主体，其权力运行不仅要受到举办者和共建者（国家、政府）的监督，而且要接受学校利益相关方以及社会的监督。高校权力监督通常分为外部监督与内部监督两类，其中，内部监督因具有信息优势而使监督更直接有力，"特别是对于学校重大决策，需要加强内部监督"。我们知道，最好的监督应当是来自环境内部的监督，即利益相关者的监督，因为"外行领导内行"式的监督只能走形式，不可能发挥真正的监督价值。

高校内部监督，指发生在高校组织自身体系内的监督机构和人员对高校管理权力的运行是否合法正当进行督促和监控的活动。在我国，内部监督权主要反映了同一系统中权力之间的制约关系。就高校而言，即学校决策权、执行权与监督权之间相互制约又相互协调的关系。内部监督权是高校权力体系的重要构成，然而，决策权的不断膨胀，正侵蚀着监督权的生存空间。因此，高校内部治理改革的关键是，如何在"强决策、弱监督"的权力配置格局之下，使监督权成为与决策权、执行权并驾齐驱的第三类重要内部治理权。

切实加强高校内部监督，对于提升高校行政管理效率，及时发现和预防教育腐败，促进高等教育事业健康发展，具有十分重要的意义。(1)权力监督是高校反腐倡廉的核心内容。高校治理本质是一种自主管理权力结构的设计，高校自主权存在及其运作无时不涉及权力的配置、冲突及协调，因此谋求运作良好的内部监督，是高校自治权规范运行的重要保障，能防范和阻止"权力失控、决策失误、行为失范"。(2)权力监督是控制高校行政权力膨胀与泛化的必要手

---

① 杨克瑞：《中国高校的权力结构与监督模式》，《清华大学教育研究》2010年第2期。

段。高校自主管理权是执行性和自由裁量性的统一,这就为行政权力的扩张与滥用打开了方便之门。监督权是对决策权和执行权进行必要的规制,防止其越界运行,预防高校行政将所有权力吸入其权力漩涡这一趋势,从而使高校治理权获得合法性来源和保证。(3)权力监督是教职工和学生参与民主管理的具体方式和有效途径。充分尊重师生的民主监督权并保障其落实,是体现高校教师与学生主体地位的应有之义。实施民主监督有助于调动每位成员的参与意识,保障其话语权和参与权,是高校民主管理的实质体现。四、权力监督也是实现高校管理目标的重要保障。合理的限制也是一种保障,是双方的一种信息沟通和协调,是对正确使用权力的支持和促进,因此监督是制约作用与保证作用的辩证统一,有助于更快、更好地完成预定的目标,促进高校自治的良性发展。

2. 内部监督机制

仅仅是权力配置与划分仍不足以控制权力滥用,还需要健全监督机制。权力行使的实际主体是具有主观能动性的人,这使得对行政权力实际主体的制约将大大不同于对权力本身的制约。对权力本身的制约,主要从分配权力的大小、规定权力运行的程序和方法等来进行的,这些制约都具有可确定性。但是,即便有再合理、最恰当的机构设置和权力配置,没有严格的权力使用程序和方法,也会出现违背规则超越职权、滥用权力甚至不合常理的情况。为此,对权力监督制约的重点应当是建立健全权力运行的监督制约机制。

在我国高等教育大众化且迈向教育强国、走向国际化的进程中,加强高校权力监督制约机制建设,在分别针对党委权力、行政权力、学术权力的监控,以及决策、执行、监督权力之间的相互制约,保障依法治校、廉洁治理、民主参与、学术清明诸方面,越发具有重要的意义。概而言之,在大学内部监督的机制上,党委权力目前通过党代会常任制、党的纪检机关等进行监督;行政权力通过学校党委、双代会等的党的领导以及民主监督和监察、审计这样的专门监督机构实施监督;学术权力的监督本身主要通过学术委员会下设的监督委员会或者类似机构实施监督。

一般地,监督机制的具体内容可以包含以下几方面。

(1)内部监督主体。关于监督主体,学界有种种观点,有学者提出权力监督主体包括以下三个维度:一是党代会和党委全委会,高校党委全委会和党委常委会拥有机制性决策权，重大问题必须经由常委会集体讨论、集体决策，高校党员代表大会、党委全委会为监督校级领导者决策的机构，对校常委会的工作进行全方位的监督。二是高校纪检监察部门，在高校内部对学校的基层工作发挥着重要的监督作用。三是群众监督，主要指广大师生员工的监督，职工代表大会、校务公开、干部述职述廉是教职工监督的主要形式，校园网络媒体、校刊、校报、广播等载体是群众监督的重要渠道。①这是关于监督主体常见的分类，即政治监督主体、纪律监督主体和民主监督主体。但显然，这一分类并不周延。也有学者提出，在高校内部，除了党委领导和校长行政权力格局之外，最大的一支权力力量就是学术委员会，认为这是高校天然的监督力量，是实施监督权的最佳载体。然而，根据《章程制定暂行办法》要求，"学术组织在学校的学科建设、专业设置、学术评价、学术发展、教学科研计划方案制定、教师队伍建设等方面充分发挥着咨询、审议、决策作用，维护学术活动的独立性"。可见，学术组织或机构作为一个整体或组织并不具有监督权，也不是监督机构，当然，机构的成员作为公民具有民主监督权，通过其他的监督组织或形式来实现监督。

谁来承担公立高校的这种神圣监督权呢？根据宪政理论，公民享有监督权，因而广大师生是内部监督主体。监督权的实现离不开监督主体行之有效的实践活动。监督主体是依法享有监督权的组织和个人。按照监督权的实际行使的方式和途径不同，高校内部监督主体可以分为两类：一是监督个体，即教职工和学生，属于监督权利主体。二是专门监督机构，依法或依组织体制需要而设立，属于监督职权主体。前者的监督权利是后者的监督权力的基础和渊源，后者的监督权力是前者的集体化、法定化的转化形态。从监督主体的视角考察，监督权兼具权力和权利之属性，对教职工和学生而言，监督权是一项民主管理意义上的基本权利；对内部监督机构而言，则是一项法定的职权。

（2）监督权能及行使。监督权的行使要合法正当，其具体权能可包含：①合法性审查。审查学校章程和内部规章制度的合法性与正当性。②信息公开。信息公开是监督的前提条件，也是监督的具体手段。《纲要》指出，大力推进信息公开和办事公开，学校配置资源等活动要接受利益相关方的监督。

---

① 曲雁：《高校权力运行的内部监督机制研究》，《学术交流》2014年第1期。

③质询、调查和取证。即在查明案件事实过程中必不可少的权能。④程序动议。对争议纠纷启用相应程序(如听证程序)的动议。⑤处理建议。对所涉案件实体处理方案的建议,对不合理方案或决定的否决或撤销建议。⑥检举、控告和申诉。对监督个体而言,可以直接向有关组织机构提出申诉、控告或者检举等。

监督权的法定性和权威性是支撑上述权能有效展开的保障。监督机构行使监督权,既有法制体制上的依据,又有来自个体监督权的授权依据。监督个体通常,或通过一定的形式(如教代会、学代会)提出批评与建议,或向监督机构提出检举、揭发、申诉、控告。因而在现实中,监督机构行使职权既具有代表个体监督权的代议和集中的特征,又有作为独立的职权主体的能动性。根据《高等教育法》、《学校教职工代表大会规定》(以下简称《教代会规定》)和《章程制定暂行办法》相关规定,高校监督内容主要涵盖招生方案、教学活动、科学研究、财务管理、人才计划、利益分配、章程规章等对校内影响重大之七方面事项。

三、民主监督机制

民主监督机制是我国高校权力运行系统中不可或缺的重要组成部分,是大学内部治理结构中的"以权利制约权力"模式,彰显了权利优于权力、保障权利与限制权力的法治理念。完善和加强高校民主监督机制是切实履行教代会监督和参议行政权力职能的客观要求,也是深化高校管理体制改革和建立现代大学制度的一个重要内容,还是社会主义民主政治在高校的重要标志和体现。高校民主监督机制对构建以内部监督制约机制为核心的高校反腐工作具有重要的理论和实践意义。

(一)教代会的民主监督

公民监督权的行使是一项民主监督,既有事后的阻止,也有事前的建议,从监督主体上讲,前者来自于党委领导下的校长负责制,后者来自于教代会。在公民监督权行使的方式上,既有以个体的方式对国家机关及其工作人员进行监督,也有以群体方式进行的监督。个体监督受人员分散、信息单一、力量单薄、缺乏组织性等因素的制约,往往难以发挥监督的效能。群体监督是一种有组织的监督,其监督效能显然要大大高于前者。而高校教职工代表大会是最为常见的一种民主监督方式。我国高校教代会制度自1979年春在部分高校试点起,迄今已有30多年的发展历史。高校教代会制度逐渐形成了一些鲜明的特征,成为高校教职工参与学校民主管理和民主监督的一项最普遍、最基本的组织形式,成为我国高校内部管理中的一项基本制度。

为确保高校政治权力、行政权力和学术权力正常行使,建立健全民主监督机制必不可少。《国家中长期教育改革和发展规划纲要(2010—2020年)》提出了建立中国特色现代大学制度的要求,并强调完善治理结构,加强教职工代表大会建设、学生代表大会建设,发挥群众团体的作用。由此,完善教职工代表大会制度,构建以教代会制度为基本形式的高校内部民主监督机制,强化高校内部民主监督,是确保高校内部权力正确行使的迫切需要,也是完善现代大学制度的本质要求和基本保障。

高校教代会是更为广泛的民主议事决策机构,是教职工参政议政的合法形式,是学校工作接受教职工年度评议的重要方式,也是学校各级领导接受教职工监督和信任评议的合法程序,与党委会和校长办公会一起构成高校权力结构配置系统的重要组成部分,其地位和作用是党委会和校长办公会不能取代的。《教师法》、《教育法》和《高等教育法》等一系列法律法规明确规定了教代会作为高校民主决策、民主监督权威性的机构,确立了教代会的法律地位,为加强教代会制度建设提供了法律保障。教代会在组织上的广泛代表性,决定了教代会是高校最高层次的民主监督形式,这也正是其他各种监督形式都无法与之相比的政治优势。因此,加强教代会制度建设,是完善和加强民主监督的有效路径。

根据《高等教育法》、《章程制定暂行办法》和《教代会规定》,学校教代会、学代会是教职工和学生依法参与学校民主管理和监督的基本形式,也是"以权利制约权力的基本形式",因为"在强大的公共权力面前,任何个体单一的权利都难以形成有效的制约,必须借助于一定的组织形式",而普通师生的民主监督又"是高校权力监督体系的坚实之基和力量之源"。因此,《纲要》强调指出,要扩大有序参与,加强议事协商,充分发挥教代会、共青团、学生会等群众组织在民主决策机制中的作用。然而,就实际运作而言,广泛参与并不等同于有效监督,通过代表大会组织的民主监督并不是一种主动自觉的而是被动临时的监督形式。近年来,教代会在发挥民主监督作用方面几乎没有实质性的进展,学代会的作用更是处于萌芽状态。[①]

教代会制度最重要的功能就是监督功能,教职工代表在参与中实现对高校内部权力运行进行监督,对领导干部和重大事项决策和执行情况进行监督,以保证高校权力运行遵循国家的有关政策、法律和法规。其监督功能大于民主管理的功能,首先,教代会本质是一个权力机构,组成教代会的成员绝大多数是不具备行政权力的专任教师,因此,教代会在高校内部发挥的监督功能是"以权利制约权力"的形式来实现的。就教代会的性质而言,是教职工行使民主权利,监督高校行政和决策行为的第三方机构,自身不具备行政权力,它较行政部门而言具有一定的独立性。《教代会规定》在细化教代会职权时,明确提出教代会可以"听取学校章程制定、发展规划、年度各项工作等重大改革和重要工作的报告,并提出意见和建议",凸显了教代会监督高校重大决策的功能。

根据权力制约的一般原理,权力制约包括权力制约权力、权利制约权力、法律制约权力等模式,其中权利制约权力是整个权力制约机制的基础,是推动其他机制有效运行的动力源泉。民主监督作为高校教代会的重要制度设计,与高校权力运行中的决策机制和执行机制相联系,共同构成高校权力制约体系,属于以权利制约权力的监督模式。其基本职能是对学校行政权力的约束,对不当使用权力进行预警与制约。它不仅具有警示、反馈及制约权力的功能,还由于教代会具有民意提取和吸纳作用,使民主监督具备咨询功能,因而对学校行政权力而言,还是一种支持和服务。民主监督的功能贯穿于整个监督过程,帮助决策和运行机制提高科学化、民主化水平,从而避免出现失误。

权利监督模式是基于对权利与权力关系的正确诠释与设计,在恰当配置权利的基础上,使之能够限制、阻遏权力的滥用。监督主体和监督客体由于具有共同的利益基础和共同的目标,因而并不具有强烈的对抗性质,其核心就是如何依据一定的规范来正确处理各种利益关系,使之达到和谐。高校民主监督作为权利监督模式,是对权力监督模式必不可少的补充。权力监督侧重于事后的阻止和惩罚,表现为以一种刚性的力量对付另一种刚性的力量,而权利监督模

---

① 刘献君:《论大学内部权力的制约机制》,《高等教育研究》2012年第3期。

式则是柔性的，既有事后的阻止，也有事前的建议。因此，权力模式与权利模式实际上是一种相互补充的关系。从监督主体上讲，前者来自于党委领导下的校长负责制，后者来自于教代会，两者只有共同起作用，才能建立良好的平衡。从监督对象上讲，权利模式也是对权力模式的补充。因为以权力制约权力的机制难以解决监督过程中相互妥协的问题。在中国的特殊国情下，权力监督模式往往是一种同体监督或者自体监督，而权利监督模式却是异体监督，因而能有效避免同体监督的不足。①

（二）教代会制度的运行：问题、原因和对策

《高等教育法》第43条规定："高等学校通过以教师为主体的教职工代表大会等组织形式，依法保障教职工参与民主管理和监督，维护教职工合法权益。"然而，在实际运作中，教代会既无法对校党委决策权实施有效监督，也无法对高校行政权实施有效监督。

具体而言，从权力隶属关系讲，高校党委是在高校党的代表大会基础上由上级党委任命的，它只对党代会和上级党委负责，并不对教职工代表大会负责；由于学校的行政权掌握在校长手中，校长可以按照自己的意愿决定教代会的组成、召开时间、审议议题、会议程序，所讨论的问题主要集中在教职工福利待遇方面，使得教代会的监督权基本流于形式。②监督与审议、表决是两回事，有些大学章程规定教代会"监督学校章程、规章制度和决策的落实，提出整改意见和建议"，审议、表决是监督的一种表现，但不能取代日常或全程的监督工作。

在学校决策与运作机制中，教职工知情、参与、监督的权利尚未得到充分行使，民主监督缺失的现象时有发生，主要表现为：（1）民主监督重点不突出。高校民主监督的重点是对高校领导干部的监督以及对人、财、物管理和使用的监督。目前，大部分高校教代会履行民主监督的职能只停留在学校规章制度等表面工作上，有的学校也建立了校务公开委员会，但是公开的内容比较狭窄，公开内容的真实性可疑，公开的程序、制度等具有比较大的随意性。（2）民主监督机制不完善。突出表现在从制度上对干部权力的限制没有明确的规定，对学校事

---

① 王晓红：《论高校民主监督的制度设计与运行》，《理论学刊》2007年第3期。
② 湛中乐：《现代大学治理与大学章程》，《中国高等教育》2011年第9期。

关全局决策的事前监督及过程监督,存在着制度上的缺失。同时,真正将民主监督的制度措施贯彻到权力运行全过程的渠道不畅,存在不少的障碍;也缺乏激励机制,对代表履行职责认真与否无奖惩措施。

为什么教代会的民主监督作用总难保障? 简而言之,教代会上不具备实现有效监督的条件,原因是多方面的。

(1) 师生未能充分认识到民主参与的重要性。一般师生员工会比较关注与其切身利益相关的工资待遇、福利分配、职称评审、岗位聘任等管理办法和工作流程,而对学校的校园基建管理、大宗物资采购、学校办企业状况等情况基本不了解,或者说不关心。可见,大部分师生员工对学校权力运行制约和监督的重要性和必要性的认识还存在一定的不足,并没有把监督权力运行这项工作当作自己作为高校成员应当履行的责任和义务来对待。

(2) 师生民主参与和民主监督的积极性不够。在实践中,很多人不愿意当教代会的代表,甚至认为这是浪费时间,原因之一,教师认为教代会只是走过场的形式而已,没有实际价值,特别是学校的教代会,相比之下,因为二级教代会所涉及的事项与自己的切身利益更密切,而且是全员参加,因为发挥的参与决策以及民主监督的作用会直接一些。

(3) 教代会监督缺乏独立性。首先,教代会在高校内部并不是一个完全独立的监督机构。目前高校教代会设立在工会之下,由工会负责统筹协调。由于我国学校工会是一个隶属于行政系统的部门,自身不具备独立性,这就使得工会负责统筹的教代会的独立性更加有限。其次,教代会监督对象的公开性不够,虽然信息公开的改革已经推行了几年,但至今,高校仍然没有实现完全的信息公开,对教学、科研、人事、基建、财务等方面的重大决策,许多教职工仍不能完全了解,信息不对称使教代会无法实施有效监督。再次,教代会和监督对象的关系不对等。由于高校的决策机构是党委会,执行机构是以校长为首的行政机构,而教代会是设立在学校工会下的,这使得教代会和监督对象是下级与上级的关系,不是对等关系。最后,教代会无法对高校党委会等决策机构实施强制性监督,教代会权利的依据来自教育部的规定,但教育部不是立法机构,因此该部令不是严格意义上的法律,无法赋予教代会强制监督高校决策机构的权力。

(4) 教代会立法保障欠缺。这跟《教代会规定》的缺陷不无关系,《教代会规定》强化了教职工代表大会的民主监督职能，但对于如何监督各类学校校内权力运行，特别是对于学校重大决策，没有做出进一步的明确。教代会的监督性质是"民主管理权利"的"机构"或者说"组织形式"，因此，其尽管在《教代会规定》中表述为"职权"，但是又被解释为"知情权、参与权、监督权、表达权等"。这样的一系列"权利"，而并非刚性化的、具有比较充分的约束力和强制性的"权利"。由此有关起草者直白的明确，教代会"不能搞成权力机构、立法机构"。尽管在该规章起初起草的时候，已经意识到："学校的内部监督机制在哪里？不明确。"由此强调"监督作为教育行政管理和教育改革的重要方向"，主张"监督要单独作为一章"。[①]但遗憾的是，在《教代会规定》中，教代会仅仅有着意见、建议、提案以及审议、询问等监督方式和活动形式，还很不充分，距离《纲要》所要求的充分发挥教职工特别是教授的作用，还有很大的能动实践空间。

根据以上分析，教代会尚不具备实现有效监督的条件。当前，健全教职工代表大会制度的重点在于强化其在高校法人治理结构中的制衡作用，使教职工代表大会在高校年度工作计划、发展规划、改革方案、教职工队伍建设、教职工福利、干部任免等重大问题上有刚性的监督权力。[②]为此完善和加强高校民主监督的基本路径为下列三条。

（1）保证教代会代表的广泛性。选举代表时，要把那些全局意识强，有改革创新精神、作风正派、热爱公益事业、群众基础好的教职工选为代表。《教代会规定》明确提出，教职工代表大会代表以学院、系等为单位，由教职工直接选举产生。在实际操作中需要做到：第一，学校应向广大教职工广泛传达教代会代表产生过程的相关规定，让教职工均真切意识到自己的合法权利，从而对这项工作充满热情度和责任感；第二，高校内部对如何产生教代会代表，需要制定明确的实施细则，以防范教代会代表的提名、登记、审查和投票环节的随意性，进而使选出来的代表能在很大程度上有效行使教代会代表应有的权利。

（2）通过充分发挥教职工代表大会的民主监督权利，创新教工会的监督方式，搭建校内网络舆论监督平台来深化校内民主监督，强化权利对权力的制约；通过加强廉政文化建设加强道德对权利制约监督。职工代表大会、校务公开、

---

① 孙霄兵：《中国特色现代大学制度建设研究》，教育科学出版社2012年版，第163、165、167页。
② 祁占勇：《高等学校法人治理结构中的权力制衡模式及其内涵》，《高等教育研究》2016年第3期。

干部述职述廉是教职工监督的主要形式,校园网络媒体、校刊、校报、广播等载体是群众监督的重要渠道。

（3）进一步完善教代会立法,为教代会的民主监督明确可操作的执行机制和保障机制。完善教代会立法,重视提升教代会在学校中独立的主体地位,使教代会通过合法的途径,可以独立地对学校决策行为和决策执行情况进行监督,使教职工代表大会真正成为可以制约和监督高校权力的第三方机构。[①]着重探索赋予高校教代会与决策机构、执行机构同等法律地位的具体途径,提升高校管理的民主性和法制化水平,运用法律手段保障利益相关者的权利,并最大限度地凸显教代会等利益相关者对权力的刚性监督力度,并通过确定教职工代表的选举办法、组成方式、组织程序、运行机制等来最大限度地防止高校滥用自由裁量权,从而为教代会独立地行使监督权力创设良好的制度环境。从世界社会组织发展的路径来看,以"权利"实现对"权力"的监督,相对于以"权力"监督"权利"而言是更为行之有效的,也是目前各国普遍采用的监督方式。

总之,权力监督是高校权力高效运作的保障,高校权力的朝气与活力都来自于监督的压力。高校民主监督有利于教育目标的达成和实现,是构建和谐校园、和谐社会的要求,也是"教书育人、以人为本"教育理念本身的要求。完善和加强高校民主监督必须在系统总结我国高校教代会、学代会制度和民主监督机制建设经验的基础上不断创新,根据现代大学制度的要求,积极构建高等学校依法自主办学条件下的民主监督机制,不断丰富现有形式和内容,完善机制,不断开拓民主监督新领域。

---

① 董凌波:《论高校教代会制度监督功能的失落与复归》,《教育评论》2015年第7期。

第四章
监督机构:机构·职能·运行

完善的组织机构是制度实施的保障,没有相对独立和胜任的监督机构,就不会使监督制度落到实处。《纲要》指出要依法落实和保障师生的知情权、参与权、表达权和监督权。就内容而言,师生的知情、参与和表达是监督权的具体表现,因而监督权是体现师生主体地位的关键所在。无论是作为权利还是权力,监督权的落实和运行离不开监督机构的合理设置和运作,监督机构的权力配置、运行方式和地位保障是监督权有效行使的关键。现行教育法制决定了当前高校内部监督机构的多元化兼具专业化的结构框架,纪检、监察和审计是三个校内常设的专门监督机构,是高校内部管理的重要组成部分。总体而言,监督机构在履行监督职责上存在以下问题:(1)在高校内部治理机构中,监督机构总是力量配置最弱的部门,缺乏独立性和权威性;(2)高校监督权运行的法治化程度不够;(3)立法的模糊和缺位造成监督职能与范围的重叠或疏漏。由此,完善和创新高校内部专门监督机构对增强权力监督的实效性至关重要。

一、"双责任制"下的纪委监督

纪检部门是高校纪委依据《中国共产党普通高等学校基层组织工作条例》设立的专门工作机构,负责党内监督(主要针对违纪违规)和廉政建设工作。

(一)纪委监督现状与问题

近年来,随着高校腐败问题的增多和上级机关对高校反腐问题的重视,高校纪委在工作中强调全过程参与,力求全方位做好高校党风廉政建设工作。[1]

---

① 单畅、齐兰:《高校纪委履行监督责任新模式探究》,《理论月刊》2016年第5期。

然而,作为高校监督的主要力量,纪委监督处境颇为尴尬,监督乏力,有些纪委委员只是参与会议,审查材料,并未发挥实际的监督作用。

《中国共产党章程》、《中国共产党普通高等学校基层组织工作条例》和《教育部直属高等学校党的纪律检查工作暂行规定》等规定,明确了高等学校党的纪律检查委员会的主要职责,即"高校纪委负责学校党的纪检工作,是党在高校党内执纪、监督的专门机关,依据党章赋予的权力履行职能"。高校纪委作为党内监督的专门机构和执行党的纪律的职能部门,一直以来是高校党风廉政建设的主体,全面负责高校党风廉政建设的教育、制度、监督、纠风、惩处等五方面工作,纪委监督作用发挥得好坏,直接影响着党内监督工作的成效。

由于校内上下级共同的利益关系,单一的学校党委对纪委的领导不足以杜绝此类违法违纪行为,高校纪委作为党内专门的监督机关,在同级党委的领导下开展工作,大都处于附属地位,缺乏独立性,这就使纪委很难独立负责地行使监督权。[1]2008年中纪委、教育部和监察部《关于加强高等学校反腐倡廉建设的意见》(教监[2008]1号)指出,高校纪委是高校党内监督的专门机关,要在同级党委和上级纪委的双重领导下开展工作。然而,"双重领导"体制致使纪检部门在监督党委的同时又依附于党委,其履行监督职能的独立性得不到保障,尤其对高层决策的监督形同虚设。

纪委监督乏力的主要原因在于监督的独立性、权威性、自信心还得不到保障。首先,不独立。我国高校的基本管理体制是党委领导下的校长负责制,即党委负责决策,以校长为首的行政机构负责执行,纪委负责监督。但目前高校管理架构中存在决策、执行和监督三者权力划分不清的问题,作为监督机构的纪委由于其在人员设置、人员构成等方面与学校其他行政机构没有区别,与党委是上下级关系。[2]其次,纪委的任免、调动、提拔、编制、经费等事宜都掌握在党委手中,因而纪检机关的执纪监督直接影响到自己的绩效考核和任免。在此条件下,纪委监督成为党委自己监督自己,纪委要监督同级党委需面临颇大的压力和阻力,这弱化了纪委监督的执行力。[3]其次,缺乏程序保障和责任追究。

---

① 郭起浪、钟美珠:《高校纪委监督同级党委的弊端分析》,《管理观察》2009年第1期。
② 单畅、齐兰:《高校纪委履行监督责任新模式探究》,《理论月刊》2016年第5期。
③ 朱春花:《高校反腐中党委纪委履职现状及对策研究》,《传承》2016年第7期。

缺乏敬畏之心,究其原因,就是责任追究不到位、不严格、不落实。纪委、职能部门负责人等责任主体之间的责任界限不明晰,需要健全责任分解、检查监督、倒查追究的完整链条,明确责任追究的方式。目前关于纪委监督的政策文件中,对于何种情形应对纪委进行责任追究,责任追究的对象、内容、程序等方面没有进行明确界定,比如,高校党委与校长、党委与纪委、党委领导班子内部权责界限模糊,导致责任追究对象不明确。这些都使得责任追究缺乏相应的依据,导致执纪部门的自由裁量权过大,执纪人员执法程序不规范,滥用职权,影响执纪的实效和公正性。

(二)"双责任制":纪委监督如何化解尴尬?

高等教育领域反腐败斗争的严峻形势为新时期高校纪委工作带来更大的挑战和更艰巨的任务。党的十八届三中全会通过的《中共中央关于全面深化改革若干重大问题的决定》第36条开宗明义,"落实党风廉政建设责任制,党委负主体责任、纪委负监督责任"。2014年1月14日,习近平总书记在十八届中央纪委三次全会上强调,要落实党委的主体责任和纪委的监督责任,强化责任追究,不能让制度成为纸老虎、稻草人。各级纪委要履行好监督责任,既协助党委加强党风建设和组织协调反腐败工作,又督促检查相关部门落实惩治和预防腐败工作任务,经常进行检查监督,严肃查处腐败问题。由此,在"双责任制"语境下,如何协助党委落实主体责任越来越成为各级纪委亟待破解的命题。严峻形势要求纪委必须落实监督责任,通过正确履行自身职责,发挥党内监督专门机关的优势,协助、推动党委落实主体责任,同时要根据形势变化和本单位的实际情况不断地调整协助的内容和方式。[①]

(1)厘清责任定位,锁定"主业"。协助党委落实主体责任是高校纪委的首要职责,作为党内监督专门机关的纪委,在协助党委落实主体责任的过程中,如何既要发挥监督优势,又要避免大包大揽的惯性思维,同时作为高校纪委,如何针对高校二级管理体制和廉政风险点有的放矢,这一系列问题的解决首先要对高校纪委的协助职能进行准确定位。遵从党章规定,结合上级文件精神,可以从四个方面来确定纪委协助同级党委落实主体责任的方向:第一,在决策层面

① 陈静源:《高校纪委协助党委落实主体责任工作的定位及原则》,《管理观察》2016年第19期。

提供建议参考;第二,在部署层面协助责任分解;第三,在执行层面开展组织协调;第四,在考核层面强化责任追究。[1]高校纪检监察部门需按照职能定位,把精力放在监督有关部门是否履行监督职责上。积极协助高校党委做好反腐败组织协调工作,整合建立高校监督资源体系合力运行机制,督促并检查二级学院及职能部门做好廉洁风险运行机制,督促并检查二级学院及职能部门做好廉洁风险防控工作,对涉及人财物的各项制度重新从廉政监督的角度进行评估,及时增加相关廉政规定和约束。制定落实监督责任实施办法,调整优化内设机构,把主要力量配备到执纪监督主业上来,细化职责、完善程序、明确方式,通过实实在在的监督成效,确保相关监督职能平稳移交。[2]

(2)明确重点监督对象与内容。在2013年中共中央颁发的《中国共产党党内监督条例(试行)》第三条中明确规定:"党的各级领导机关和领导干部,特别是各级领导班子主要负责人是党内监督的重点对象。"学校纪委要重点监督的人是校院系和机关部处及附属单位等各级领导班子成员特别是一把手,要重点监督的事是所在学校各级党组织贯彻落实党风廉政建设的情况。学校纪委要及时向学校党委传达上级纪委关于党风廉政建设和反腐败工作的决策部署,督促并协助党委组织研究并结合学校实际提出贯彻落实的意见;要督促检查学校相关部门和单位贯彻落实党风廉政建设责任制和预防腐败工作的情况;要督促和协助学校领导班子主要负责同志履行好第一责任人的职责;要督促学校领导班子成员坚持"一岗双责",根据分工抓好职责范围内的党风廉政建设。[3]同时根据工作实际需要,加强对物资采购、财务管理、工程项目、校办产业、后勤服务、招生考试、选人用人、科研经费、学术诚信、职称评聘等社会和群众关心的重点工作的监管。通过强化责任担当、严格纪律监督、严肃查办案件、强化教育监督、严格实行问责等方面,为学校营造健康向上的从教从政生态和教书育人环境。

(3)转变监督方式,丰富监督内涵。在监督方式上,从全程参与式监督转化为报备抽查式监督,重视决策参与式监督,坚持建言提醒式监督,善用督促式监督,强化专项督查,专项治理式监督。在执纪监督过程中按照"事先看制度,

---

① 陈玲玲:《论"两个责任"体制下高校纪委工作的转型》,《中共山西省直机关党校学报》2015年第6期。
② 杜伟:《高校纪委也要科学系统进行"三转"》,《中国纪检监察》2014年第23期。
③ 戴井岗:《落实好高校纪委的监督责任》,《光明日报》2015年6月9日第013版。

事中看规范，事后听反映"的原则，规范高校相关管理工作，避免违规行为的发生。在采购招标、科研项目、基建工程和后勤服务等具体领域上，高校纪委可通过项目报备、专项检查、随机抽查、电子监察和信访举报等方式进行多渠道监督，丰富监督形式。运用提醒谈话、函询、约谈、通报、监察建议书、监察决定书和调查办案等方式，对相关部门违反国家相关法规和学校相关制度的行为，对不履行或不正确履行职责及监管不力的情形，严格问责，督促主责部门完善制度、规范程序，严格执行采购招标的相关政策法规，规范科研项目和经费管理。同时，高校纪委应积极协助党委开展对党风廉政建设责任制执行情况的检查考核；对典型案例进行通报，增强威慑力；督促学校全面推进信息公开制度；依靠群众开展监督，引入第三方评价机制等。①

（4）变革人员的产生方式。高校纪委成员只有在一定程度上不受本校的利益制约，才能真正做到秉公办事，不徇私情，但在很多高校，纪检干部及工作人员的产生常由学校党委决定候选人名单，然后提交到党代会讨论，通过差额或等额选举的形式产生纪检干部，而纪委书记则由上级党组织从学校党委副校长或副书记中指定产生。纪委成员产生的决定权本身就在高校党委，这种方式产生的纪检干部是否还能对本校党委产生相应的制约作用呢？②为此，要改革纪检干部及纪检监察工作人员的产生途径。按照党中央关于纪检干部的要求，纪检人员应"政治坚强，公正清廉，纪律严明，业务精通，作风优良"，凡符合这种标准的党员，都可以成为纪检干部的候选人。

（5）整合党内的监督力量，切实发挥党内监督的主导作用。发挥组织协调作用，整合各种监督资源，形成监督合力，是纪委提高监督能力的重要方面。党内各职能部门在开展党内监督方面都承担着不同的监督职责，如组织部门负有对干部工作进行监督检查的职责，宣传部门负有开展宣传教育的职责，这些部门根据自身工作性质和工作领域，在党内监督中的作用不可替代。但是，当前党内各种监督主体和各职能部门之间还没有形成有效的监督合力。主要表现在各工作部门之间在信息沟通、责任界定和工作配合上，缺乏一套制度化的工作运行机制，各种监督主体存在职责不明确、监督不到位的状况，导致实施监督

---

① 陈玲玲：《论"两个责任"体制下高校纪委工作的转型》，《中共山西省直机关党校学报》2015年第6期。
② 陆晓云：《高校纪委双重领导体制科学实施研究》，《学理论》2013年第33期。

各自为战,影响了监督的整体效果。纪委要充分发挥组织协调作用,通过建立监督工作联席会议制度等方式,在各有关部门之间建立健全沟通、协作的制度化的工作运行机制。要把监督任务分解到有关职能部门,加强督促检查。要不断总结党内监督的工作情况,研究存在的问题,及时向党委提出意见和建议,协助党委在监督工作上筹划全局,统一部署,整合党内各种监督资源,形成监督合力。①

(6) 突出"再监督"地位。2014年1月,中央纪委监察部网站刊发了《党的十八大以来纪检监察机关转职能转方式转作风综述》一文,文中明确提出了中央纪委监察部认真履行好党的纪律检查和政府行政监察两项职能,围绕发挥监督的再监督、检查的再检查作用。②高校纪委要从事无巨细的繁重监管中"脱身",把握好"检查后的再检查""监督后的再监督"的角色定位,加强对职能部门履行职责的监督检查,而不是配合或替代其他职能部门本该自己负责的业务督查工作。高校纪委应把更多的精力放在督促有关主责部门依规依纪履行职责上来,做好"监督的再监督"工作,使纪委履行监督责任思路更加顺畅,权责更加清晰,任务更加明确。主要应抓好以下两点:一是以院、系、部(处)的领导班子和领导干部为重点监督对象,特别是加强对各级党政"一把手"的监督。对近几年高校查处的违法违纪案件分析可见,由于高校经济活动的日益频繁,投资主体日趋多元化,基建工程和物资采购量逐渐加大,使得高校党风廉政建设形势面临前所未有的挑战和考验。二是以容易滋生腐败的重点部门、重点环节、重点岗位为监督的切入点。大量的事实证明,制度的可行性和约束力决定着监督工作的质量和效果,没有以制度为载体的监督是软弱的监督。纪委提高监督能力的首要环节和重要内容就是要突出制度建设,通过制度创新,严密制度体系,狠抓制度落实,把制度建设贯穿于监督的各个环节,体现于权力运行的各个阶段。要将监督工作纳入法制化、制度化的轨道,这也是坚持依纪依法监督的必然要求和具体体现。③

① 王健:《关于提高高校纪委监督能力的探索与思考》,《科学中国人》2014年第12期。
② 单畅、齐兰:《高校纪委履行监督责任新模式探究》,《理论月刊》2016年第5期。
③ 王健:《关于提高高校纪委监督能力的探索与思考》,《科学中国人》2014年第12期。

二、高校内部监察的规范依据：问题和出路

高校内部与纪委监督紧密相连的是监察监督，很多党政文件中常把"纪委监察"合体使用。高校的监察部门是高校内部监督的又一个专门监督机构。高校监察部门作为内设的专门监督机构，肩负着维护政纪、保障学校内部管理廉洁高效之职责，在高校内部权力监督体系中具有不可或缺的重要地位。但就现状而言，高校监察工作发挥的作用与初衷仍有较大差距。由此，如何加强监察力度，提升监察效能，是充分贯彻落实《纲要》的关键环节，也是全面加强惩治和预防腐败体系建设的重要内容。

（一）高校内部监察概述

1. 高校内部监察不力与立法归因

高校监察工作是由上级教育监察机关、学校行政领导及高校监察部门，依据国家法律法规和部门规章及学校的决议、决定和内部规定，通过自上至下开展的行政监督活动，是大学内部治理体系的重要构成和必要环节。就其职能而言，对维护党的方针、政策和国家的法律、法规的正确贯彻实施，惩治校内腐败，促进高校廉政勤政建设，起着重要的保障作用。但从现状看，自1992年印发《关于国家教委直属高等学校监察工作若干问题的意见》教监〔1992〕号文件明确规定高校内设置监察部门以来的多年实践中，监察机构因性质地位和实际作用的模糊与兼容，其职能常被校内其他机构的角色和活动冲击和取代，因而与中央关于在机构改革中纪检监察机关"只能加强，不能削弱"的指示精神，已渐行渐远。有研究指出，其中一个不可忽视的重要原因，就是高校内部监察长期缺乏明确的法律依据和制度保障，"当前高校内部监察工作主要是依据《教育法》和《高等教育法》相关规定，并参照《行政监察法》的法律精神开展工作，法律依据依然缺位"。"国家和地方教育行政主管部门都没有对高校监察机构的设置、工作地位和对象、职权、违纪处理等方面出台相应的法律法规。"[①]特别是在比较国家行政监察和高校内部监察之后，认为"国家行政机构的监察可以根据

---

① 骆海邦、朱立政、谢卫华：《试论高校内部监察的性质及其工作运行机制》，《安徽科技学院学报》2011年第5期。

《行政监察法》采用监察权相对独立的原则以及依法监察的原则;而高等学校的监察机构则没有法律上的监察依据"①。上述观点在指出高校内部监察存在规范缺失与不足的同时,也暴露出对规范依据这一问题的认识偏差和深入不够。

审视高校内部监察工作现状,高校监察权的有效行使主要取决于两方面因素:一是内部监察机构的建制及其监督职权的配置。高校内部监察机构是在校长领导下负责校内行政监察工作的职能部门,其监察权的运行主要依附于学校领导。在实践中,不同高校在机构设置上略有不同,有的单独设立,有的与纪检或审计部门合署办公,因独立性欠缺致使其作用发挥空间带有较大的伸缩性。在立法规制与职能保障方面,高校内部监察,既不同于行政监察的法定性和强制性,与纪检、审计等其他内部监督机构相比,又缺乏专门、系统的规范依据。二是监察权的运行需有明确的规范依据。通过立法保障,一方面赋予监察机构和人员应有的权力,使其更好地行使监察职能,发挥监督作用;另一方面规范制约内部监察程序,确保监察工作能够在正常轨道内运行,遏制监督领域腐败现象的发生。然而长期以来,因为规范依据的种种弊端,导致高校内部监察工作性质模糊、职责不明,监察机构的地位和作用得不到保障,监督效果大打折扣。

毋庸置疑,高校内部监察需依法进行,否则就难以有效防范工作的随意性和盲目性。所谓正本才能清源,规范依据是源头,因此需要从立法上查找问题症结。高校内部监察的立法现状究竟如何? 存在一些什么问题? 怎样消解并予以改进? 回溯监察机构规范和实践建设之历史进程,考察其职能演变的历史脉络,有助于我们清晰认识高校内部监察的立法特点,以进一步谋求新形势下高校内部运作良好的监察机制建设。

2. 高校内部监察之规范梳理与职能演进

从立法层面看,监察主要是一种行政监察,旨在改善行政管理,提高行政效能。根据国务院1990年12月颁布实施的《行政监察条例》,监察机关是人民政府行使监察职能的专门机构,负责对国家行政机关及其工作人员和国家行政机关任命的其他人员执行国家法律、法规、政策、决定和命令的情况以及违法违纪行为进行监察。《行政监察条例》颁布施行后,高校纷纷设立了校长领导下的、负

---

① 陈潮光:《论高等学校监察工作的特殊性及监察机制的完善》,《华南理工大学学报(社会科学版)》2007年第8期。

责管理日常监察事务的监察机构,在高校内部开展有效的监察工作。①这是因为,我国公立高校具有国家行政机关的类似属性,即作为在一般意义上的提供公共服务的非营利性社会组织,其财政、编制、人员诸方面具有国家公共性质。由此,在高校内部体制上专设监察部门,以区别于纪检针对党内监督的视角,而对全体行政工作人员进行纪律监察、效能监察等,开展工作作风、专线工作、绩效督查等,以规范行政权力廉洁高效运行。可以说,高校内部监察机构具有模仿性质,然而,与行政监察效能相比,高校内部监察机构的作用并不明显和明确。

为保证高校内部监察机构正确有效地履行职责,原国家教委根据《行政监察条例》有关规定,并结合高校实际情况,于1992年印发"教监[1992]号文件",对高校监察对象、职权范围等做出了颇为具体的规定。随后,监察部印发《关于全民所有制企业事业单位监察工作若干问题的意见》,其中指出,企业、事业单位的监察机构是本单位行使监察职能的专门机构,在本单位主要负责人的领导下,负责对本单位非国家行政机关任命的工作人员进行监察。这两个规范性文件,在之后的很长一段时期内,成为非直属高校进一步加强校内监察工作所参照执行的主要依据。

1995年我国《教育法》施行,该法第29条规定学校及其他教育机构应当"依法接受监督",从而为加强学校权力监督提供了法律依据,但遗憾的是并未对高校监察做出明确规定。2004年,国务院制定了行政监察法的新实施条例,指明"国家行政机关和法律、法规授权的具有管理公共事务职能的组织以及国家行政机关依法委托的组织及其工勤人员以外的工作人员,适用行政监察法和本条例"。在我国,公立高校在法律法规授权情况下具有行政主体资格或公务法人身份,这已是学界共识。因此,当高校代表国家行使公权力时,其行为需依法接受监察监督,可具体适用行政监察法及实施条例。然而,监察法律法规的具体内容显然是针对行政机关而言的,因此并不直接和全部适用于多数情况下作为事业法人的高校内部监察。

2008年,中共中央纪委、教育部、监察部联合发文《关于加强高等学校反腐

---

① 张孟英:《新时期高校监察工作的困境及对策》,《成都理工大学学报(社会科学版)》2012年第1期。

倡廉建设的意见》(教监[2008]15号)指出,高校党委"要旗帜鲜明地支持纪检、监察部门行使职权",高校纪委要"认真落实监察处长(监察室主任)列席校(院)长办公会","保证纪检、监察部门的人员编制和办案专项经费、办案补贴等政策的落实","重视纪检、监察干部队伍建设"等,从而细化了监察工作的具体内容,突显了监察工作的重要地位。在行政立法强调政务公开工作和纠风工作职责的背景下,2010年,教育部部长办公会议审议通过《高等学校信息公开办法》,该办法赋予校内监察机构监督检查学校信息公开工作的职权,由此进一步确立了监察机构的法定性。

随着依法治校和廉政建设的积极推进,高校内部监察原有相关文件的部分内容已不符合当前实际工作需要。2012年9月,教育部下文废止教监[1992]号文件,即《关于废止<关于国家教委直属高校监察工作若干问题的意见>的通知》(以下简称《监察工作通知》),指出"各校可根据现行国家法律法规及《关于加强高等学校反腐倡廉建设的意见》等文件的有关规定,继续加强内部监察工作机构和队伍建设;从学校实际出发,制定本校有关内部监察工作的规章制度并深入开展工作",该通知为教育部直属高校自行制定政策文件、深化内部监察体制改革提供了明确的授权依据。就授权内容而言,主要是充分发挥内部监察工作在招生考试、基建工程、财务监管、物资采购、国有资产管理等方面的重要监督作用。《监察工作通知》同样为非直属高校进一步加强校内监察工作提供了指导精神和参考价值。可以说,教监[2008]15号文件是目前高校内部监察最主要最直接的规范依据和指导文件。

从上述高校监察之立法历程可知,校内监察工作的规范依据主要包括三方面:一是行政监察立法。因监察职能的相似性,高校内部监察与行政监察立法息息相关,后者反映了加快依法行政进程和深化行政管理体制改革的痕迹。高校内部监察地位的法定性,要求开展和强化其工作需要依托和遵循监察法律规范,至少不能与行政监察立法精神和原则相违背。二是高校内部监察的教育行政规范性文件。其内容随着行政监察立法、教育立法和反腐倡廉建设进程的沿革而不断调整和跟进的,从而使高校内部监察处于持续完善和提升过程之中,尽管现有文件主要是规制教育部直属高校的内部监察工作。三是根据教育部授权和高校内部治理权而自行制定的规范依据。审视高校内部监察工作现状,监察机构更多地依据内部管理体制的需要而设置。除2012年教育部《监察工作通知》明确授权外，早在1999年颁布的《高等教育法》也已规定高校"依法自主办学"和"按照章程自主管理"的权力，即赋予学校根据内部管理需要自行制定政策文件的规范制定权，但由于授权的笼统性，即便有些高校已有内部监察的规章制度，也难保其内容的规范、合理、科学。

综上可知，高校内部监察工作并非没有依据，而是就现行规范的渊源或形式而言，还存在依据不明朗，位阶偏低，执行不力等诸多问题，因而效力尚得不到保障。进言之，通过对现有规范依据做内容上的解读与分析，可以发现监察不力的更深层次原因之所在。

（二）规范剖析与对策建议

1. 高校内部监察不力之规范症结剖析

（1）制定主体多元化。目前我国尚无关于高校内部监察的专门规范性文件，现有相关规定散见于教育行政规范、党的政策文件和学校规章制度。其制定主体包括立法机关、行政机关、党组织和学校决策机构；既有单独发文，也有联合发文。不同主体从不同视角对同一对象做出规定，很大程度上催生了内容不一致或交叉重叠，给实际执行带来依据上的困惑。例如，在监督职能上，监察机构除效能监察外，与纪检部门共同担负反腐倡廉的任务；在监督对象上，高校工作人员中有不少是共产党员，这部分人员既是行政监察部门的监督对象，又是纪检部门的监督对象。基于此，一些党的政策文件通常对纪检监察连带做出规定予以共同指导，在文件中常使用"纪检监察"措辞，如2000年教育部党组《关于在高校管理体制改革中加强纪检监察工作的通知》；在实践中，监察职能被纪检吸收而似乎变得可有可无，常被质疑存在的必要性。

（2）规范之间衔接不够。高校纪检、监察、审计构成内部权力监督的专业监督机构体系，均肩负高校权力监督和反腐倡廉建设工作。在实践操作中，同一违纪行为可能既违反监察规范，又违反纪检内容，还违反审计规定。由此可能导致同一违纪案件的检查、调查取证等工作程序上基本重复，进而产生以下困惑：其中一个部门做出处理意见以后，在什么情况下需要向监察部门通报情况和移送监督处理结果材料？或者监察机构受理"对违反政纪的工作人员做出处理决定"的案件后,不向其他监督部门反馈有关信息,也不移送其政纪监督处理结果材料,是否会使违法者逃脱应有的处罚? 目前对高校违纪的处理和处分依据还不健全,即各监督机构的处理权限、具体程序、法律责任等尚无清晰的立法规定。根据《教育系统内部审计规定》第20条,内部审计机构在履行审计职责时,具有"对严重违法违规和造成严重损失浪费的有关单位和人员提出移交纪检、监察或司法部门处理的建议"的权限,除此之外,难觅关于处理权限和程序衔接的相关规定。

(3)规范内容模糊抽象。法律规范的模糊抽象表现在:一是概念或内容的不确定,给人产生模棱两可的歧义。如"严重违法违规""造成严重损失浪费"的立法表述中,"严重"是一个不确定的法律概念,因其具体标准不明朗,有时会引发各监督部门互相推诿、扯皮,无人监督的状况,从而削弱了行政监察监督的整体效能,导致了监督机制虚化。二是程序规则依然缺失。教监[1992]号文件废止后,教育部授权高校根据实际需要制定相应政策。制定怎样的政策,很大程度上取决于党委、校长对监察工作重要性的认识,由此常导致学校之间做法不一,内部监察工作地位难以得到应有的保障。迄今为止,监察权的行使方式、具体程序、机构建制及其工作人员的法律责任的追究等,都缺乏可操作性的规定,致使多年来监察权的运行往往无章可循,带来操作上的随意性和流于形式,行政廉政与效能监察难以深入,监察权仍处于一种微弱的被动状态。

2. 对策建议

(1)保障独立建制。监察与纪检合署办公由来已久,这一点亦可在已废止的教监[1992]号文件中得到印证,该文件规定"学校监察机构应同纪委(现在合署办公)"。合署办公在一定程度上促进了监察、纪检部门在调查处理政纪案件中相互协作配合,提高办案工作效率。但从另一方面,我们也看到了合署办公后监察职能模糊和虚化的现状。无论人员配置、工作条件,还是工作要求,均处于较低水平,不利于监察工作的开展。如何进一步加强内部监察的机构和队伍建设? 笔者认为,独立建制并加强程序对接是高校内部监察改革的重要取向。监察在性质上属于行政监督,受学校行政首长和上级监察部门领导,与纪检部门存在归口管理上的尴尬和规范依据上的差异,故合二为一并非上策。独立建制,可以加强监察机构与纪检部门相互监督、竞争与合作,激发工作潜能。在美国,诸如此类的重复授权(即同一职责授权于2个以上的独立工作部门),常常是议会的有意安排,其目的在于促进部门竞争和发展,也能为单一机构的工作失误提供保险。①此外,审视内部监察立法进程亦可发现,现有规范性文件中的措辞从"纪检监察"向教监[2008]1号文件的"纪检、监察"悄然转向,字里行间感受到的是对完善高校内部监察制度的积极追求和殷殷期待。

(2)明确政策适用。党的政策文件在法律适用中具有重要地位和指导价值,但当其与法律规范出现内容不一致时如何适用?尚未形成统一看法和权威标准。一般应综合以下因素进行分析:①党在高校治理中领导地位的立法确认和保障。根据《高等教育法》第39条的规定,高校党委按照中国共产党章程和有关规定,统一领导学校工作。②党的政治保障作用。《国家教育事业发展第十二个五年规划》明确指出,"加强党对学校工作的领导,坚持社会主义办学方向,牢牢把握党对学校意识形态工作的主导权"。③推进依法治校的特殊地位。教育部在《纲要》中强调,"要进一步加强和改善党对学校的领导","将坚持和改善学校党的领导与学校的依法治理紧密结合起来"。由此可见,一方面,党组织的政策文件对同级及下级的行政规范性文件的制定具有重要的指导作用,应予以参考和借鉴;另一方面,高校内部监察工作必须高度重视党的政策文件,在依据或执行行政规范性文件时,需要考量具体内容是否与党的政策文件相抵触,当然,党的政策有明确违反宪法、法律的情形除外。

(3)减少法律不确定性。法律概念的模糊性来自其所反映事物的性质、状态向立法者呈现的不稳定状态②,在法律规范中,明确与模糊总是处于一种相伴生状态,不确定性不可避免且有存在的合理性,但惩处类法律规定应当具体明确,否则可能造成法律规范的虚化,或者惩处的不公正。降低法律不确定性以保证法律适用的统一性、稳定性,法律解释同样是必不可少的。笔者以为,法律解释应综合考虑立法者的意向和社会经济发展现状,比如,相关立法中的"严重"二字可以初步认定以下基准:一是违纪违规的性质或负面影响;二是所涉经

---

① Jason Marisam. Dupiicative Delegations, Administrative Law Review, Spring 2011,Vol. 63, P. 190;Jody Freeman & Jim Rossi. Agency Coordination in Shared Regulatory Space, Harvard Law Review, March 2012, Vol. 125, P. 1131.

② 徐国栋:《民法基本原则解释》,中国政法大学出版社2004年版,第19页。

济数额的大小;三是可以给予的处分等级。

（4）完善大学章程建设。根据《纲要》规定,加强章程建设是健全学校依法办学自主管理制度体系的重要内容。大学章程是大学治理基本法,为保障高校自行制定内部监察制度的权威性,有必要在高校章程中专设"内部监督"一章,其中对监察机构的职责、权限、程序、人员编制、手段措施等做出明确规定,并且厘定内部监督机构之间的工作衔接问题。长期以来,因为缺乏明确的法律依据和操作程序,校内监察工作难以"理直气壮",所以,特别要对监察权运行的程序规则和责任机制做出详细规定,以切实保障和规范制约高校内部管理权力运行。

（5）强化规制立法。由于种种原因,高校内部监察的法律制度供给不足,因而迫切需要完善高校权力监督的规范体系。制定一部权威的高校监察行政规章,已成为一项迫切而重要的任务。通过专门立法,对高校内部监察的性质地位,职权范围、运行程序、法律责任等做出统一明确的规定,避免规范冲突和执法尴尬,便于具体指导监察实践,并为依法开展高校监察工作提供基本的规范依据和程序保障。

三、内部审计监督的强化与拓展

（一）高校内部审计监督现状

高校内部审计具有集监督评价和预防为一体的良性效用,在提高决策层的工作效率,降低管理风险,发现制度缺陷等方面扮演着"经济警察"和"免疫系统"的职能。从表面上看,纪委、监察、审计看似一体,相互联系,都是监督部门,但在本质上却有很大差别,它们的职责不同,隶属关系也不相同。高校内部审计与高校治理有着共同的目标和利益关注群体,内部审计既是处于高校内部管理控制系统的一部分,又对高校其他内部控制要素行使着独立的监督——"评价职能以及风险预防职能",对促进大学内部治理结构的完善起到重要作用。[①]

高校内部审计在我国起步较晚,发展极不均衡,与企业和金融机构相比差

---

① 蒋建宏:《基于大学治理视角的高校内部审计监督机制研究——以澳大利亚国立大学为例》,《学术论坛》2014年第11期。

异较大,有的还处在初级阶段,内部审计的机构设置、人员配置、工作内容与方式等仍处在低层次水平,与开展内部控制和风险管理审计还存在很大的距离。随着我国教育财政拨款的增加,高等教育的经济规模呈逐年递增的趋势,高校经营管理活动也越来越多样化、复杂化。然而,由于现代大学制度的缺失和高校内部管理体制的僵化,多年以来我国高校对作为大学治理重要工具和手段的内部审计活动的重要性认识不足,存在高校内部审计的独立性缺失、权威性不足、制度性漏洞等问题。主要表现在以下几个方面:首先,在大部分高校的机构设置体制中,审计部门常常被定位为高校内部的辅助管理部门,机构设置带有行政干预的色彩,内审机构作为高校的职能机构之一体现的是对党委或校长负责,由于属于利益共同体性质无法实现对其他管理机构的监督。如天津师范大学内部审计研究所的《天津市高校内部审计状况与发展调研报告》显示,独立的内部审计机构占47.3%,与纪检监察合署办公的占47.3%,设在财务部门的占5.2%;由校长主管的占36.8%,副校长主管的占10.5%,纪委书记主管的占52.6%;内部审计机构设专职审计人员6—7人的占21%,3—4人的占21%,2人的占36.8%,1人的占10.5%;未设专职审计人员的占10.5%。[1]其次,内部审计观念模糊,主要表现在:学校领导对内部审计的职能定位认识不清,只强调审计的经济监督权,而忽视内部审计在学校治理体系中的重要作用,没有给审计部门提供全面了解学校重大经济活动、重大决策过程的足够机会。[2]第三,内部审计在部分高校治理结构中尚缺乏一套权责明晰、协调运作的制度设计,主要体现在审计整改落实、责任追究和审计结果公开机制保障不够与执行不到位,进而使审计工作的评价职能弱化,监督职能虚化。第四,专职内审人员队伍知识背景、专业结构和技术能力相对单一,缺乏相关的法律知识,管理知识以及实践知识,审计方法和手段相对落后,信息化建设滞后,审计数据的采集与分析尚未全面应用到高校内部审计工作中。[3]第五,部分高校的内部治理中,对基建工程、后勤资产、预算审核、招标投标、科研经费使用等重大经济事项和经济行为

---

① 王彤:《高校内部审计转型:目标导向与路径选择》,《中国内部审计》2011年第11期。

② 袁卫,等:《高校行政权力监督与高校审计》,《同济教育研究》2016年第3期。

③ 蒋建宏:《基于大学治理视角的高校内部审计监督机制研究——以澳大利亚国立大学为例》,《学术论坛》2014年第11期;袁卫,等:《高校行政权力监督与高校审计》,《同济教育研究》2016年第3期。

决策仍缺乏必要审计监督功能和论证功能,对人力资源管理、学术管理、教学管理等绩效管理的监督功能缺位。由此可见,高校在内部监督过程中,对于审计职能的有效发挥缺乏重视。作为党政部门的纪检监察室,在防范腐败中并不能代替审计的作用,审计机构的隶属关系和领导层次的重视程度,决定了审计独立性的强弱。

随着现代经济体制突飞猛进的发展,高等教育事业也迈入了市场经济的发展轨道,高校办学的经营风险也在迅速扩张,高校内部审计工作面临新的挑战并亟待加强。高校内部审计是高校管理的重要部门,承担检查监督、评价高校管理、业务、财务等各方面职能工作,能有效地防范和管控经营风险,其作用是其他任何职能部门无法替代的。因此建立和加强高校内部审计机构的设置,充分发挥内部审计职能作用,防止腐败现象滋生势在必行。①随着高等学校多渠道办学模式及招生自主权逐步放大,高校内部审计所面临的挑战也在迅速增多。高校管理层应当明确界定内部审计机构在高校中的地位与权限,分清纪委、监察处、内部审计机构各自承担的职责和权限。

如何提升内部审计机构的监督职能?高校应认真领会和贯彻国务院《关于加强审计工作的意见》(国发〔2014〕48号)以及教育部《关于加强直属高等学校内部审计工作的意见》(教财〔2015〕2号)等文件精神,关键在于加快实现高校内部审计转型与发展。具体包括②:(1)由财务审计向内部控制转变。2006年,国资委明确要求中央企业建立和完善内部控制体系,加强对内部控制执行的监督和检查,充分发挥内部审计在内部控制中的作用。实践证明,内部审计是一种控制机制,其职责是通过对内部控制的健全性和有效性进行评价,将触角渗透到业务领域,其目的是为组织增加价值并改善运营,实现组织目标。(2)由少数职能部门分散的、单打独斗式的审计向内部审计部门牵头、加强组织协调、整合监督资源、发动成员参与的审计转变;即由被动防御为主向积极控制为主转变。(3)工作重点从传统的"查错纠弊"转向为组织内部管理、决策及效益服务。大部分高校开展的仍然是财务审计项目,其职能仍然处在查错纠弊阶段。因此,确立财务审计与风险管理审计并举的新内容,既考虑财务面,又考虑风险管

---

① 张娜:《高校审计机构设置与职能发挥之我见》,《中国集体经济》2014年第18期。

② 王彤:《高校内部审计转型:目标导向与路径选择》,《中国内部审计》2011年第11期。

理面,这样才能保证内部审计发展的科学性。(4)工作方式上要改变以纸质材料审计为主的传统单一形式,通过加强审计信息化平台的研发和建设,运用审计数据采集与分析的先进手段和技术提高审计效率,增强审计监督的效能。

总之,基于目前高校复杂多样的经济形势,作为内部控制的再控制,内部审计理应成为加强高校内部管理的重要监督环节。只有认清形势,更新观念,完善高校内审机构设置及人员配备,才能充分发挥内部审计的职能作用,防止腐败现象滋生,保证高校内部审计工作质量,为学校的改革、建设和健康有序发展提供有力保证。

（二）国外大学内部审计经验与启示

在国外,审计通常是指"有目的的和有组织的专业活动,旨在客观地确定期望与现实状态之间的差异"。内部审计和外部审计之间需作重要和有效的区分。内部审计是对教育机构所履行的任务的一个持续的控制过程,各级政府通过教育部或州政府管理体制内的教育机构来实施(故服从管理)。外部审计是对预算、决算、转账、人事处理等事项的控制,由专业、中立、独立的审计人员来实施(因此隶属于政府,议会或其他代表机构)。在大多国家,由于涉及的成本高和国家能力的缺乏,一般不进行整个系统的审计操作,但部分审计常被用作为一种管理工具,审计可集中进行,例如,在教育改革的实施、一个项目或课题、管理的某个特定方面或教育机构如大学。在实践中,教育界有三种控制类型,分别是:由教师主管实施的内部评估;部门(二级学院、系部)实施的内部控制(包括部门领导、学术机构、行政领导和专家);教育部实施的内部审计经常由外包实体如最高审计署(SAO)实施外部审计。

在立陶宛等国家,大学内部审计机制在许多方面,被视为强有力的控制和纠错的监督工具。合理的治理需要这样的工具,他们可以既用于教育改革的实施,特别项目的管理,或仅仅是为教育机构或常规自我检查的操作。内部审计是由100个工信部和市政府的外部检查人员实施的,这些检查人员负责评估教师的绩效表现和学校的综合素质,用"3减2"公式评价教师工作绩效,以说明教师的三个"强项"和应改进的两个方面。

在斯洛伐克,高校内部和外部的审计都是定期进行的。因为考虑到成本,外部审计由最高审计署进行,每两年或五年进行一次,主要集中在"国家预算是指使用审计手段,公共产品采购、服务和公共工作的监察程序,管理和处理高校产权的完整性,记账的可证性和正确性,监察差旅费用报销的规律,员工薪酬等级和薪酬水平分类的正确性"①。

为了提高公共资源的使用效率和办学效果,澳大利亚国立大学根据澳大利亚联邦政府和公司法案(1997年)成立了审计和风险管理委员会,对澳大利亚国立大学的内部治理运行机制与效能进行监督和评价。应校务委员会请求,审计和风险管理委员会在适当的时候为澳大利亚国立大学治理制度安排和绩效管理提出改进建议并监督其运行。该委员会依据《审计和风险管理委员会章程》对大学的政策制定、战略发展、内部控制及行政管理提供独立、权威、客观的专业咨询意见,对高校的筹资风险、经营风险和制度风险等财务、管理风险提供预警,成为提高高校治理效果和良性运作的(免疫系统)机制中不可或缺的一部分。"审计与风险管理委员会"是内部审计机构,设在校务委员会之下,没有行政职权,以校长授权开展工作并直接向校务委员会负责,职能权限范围较广,是校内外审计机构之间联络、沟通的平台,对于澳大利亚国立大学的行政监督、权力制衡、风险控制、财务审计、内部治理、外部问责等发挥独立的效能和保障作用。②

然而,审计机构并不总是完全独立的,而且审计监督者本身也可能参与腐败行为。因此,可能存在内部审计在某些情况下被污染的腐败行为,如内部审计报告产生更多的"不透明度"描述模式。透明度不仅取决于信息的可用性,而且取决于所有学校的利益相关者对它的访问和理解的方式。在一些国家,审计的复杂性可能是它的可访问性和解释的一个障碍。在大多数国家,教师、当地社区和家长都是如此(在波兰,会计惯例被视为特别困难的且只能由非财会人员理解)。复杂性也可能是校长和学校理事会的一个限制因素。这个障碍是可以通过足够的培训加以克服的。在澳大利亚、印度尼西亚和泰国等国家的学校理事

---

① Jacques Hallak, Muriel Poisson. Corrupt schools, corrupt universities: What can be done. http: //unpan1. un. org/intradoc/groups/public/documents/UNESCO/UNPAN025403. pdf.

② 蒋建宏:《基于大学治理视角的高校内部审计监督机制研究——以澳大利亚国立大学为例》,《学术论坛》2014年第11期。

会的经验显示：经过初步培训，学校理事会就能够有效地行使相应职能。在英国自1990开始的校长专业资格培训中，其中包括了金融知识技能。①

在美国高校，内部审计在确立法人治理和内部控制中扮演了重要角色。高校内设的审计办公室是大学内部审计的专门机构，依据学校规模的大小，审计办公室人员为10—20人，并具有充足的经费支持。大学审计办公室负责审核和评估风险控制与治理过程以及相关政策与程序的充分性和有效性，目标定位在确保与大学活动有关的主要风险都能得到有效的管理，旨在增加大学的价值。其中，首席审计行政官负责规划和制定每年的工作计划，需要在审计、调查和管理咨询服务之间维持平衡；审计办公室的成员需要向首席审计行政官报告，后者需要分别向校长或管财务的副校长等人和董事会下设的审计委员会报告。在大学治理中，内部审计的权威性表现为其在大学章程中的定位。如《康奈尔大学章程》第六章"内部控制"规定：康奈尔大学应有审计人员负责大学的财务账目与记录的内部审计、决定内部控制系统的效能，以及提出改进的建议。审计人员有权力直接向校长、董事会之审计委员会或执行委员会做特别报告。

国外经验对中国高校构建内部审计监督机制的启示：(1)有必要通过外部审计来督促内部审计的规范性和自觉度；高校审计包括外部审计和内部审计两种制度。外部审计主要是通过预算监督，是非常强大的工具，用于诊断在资源管理的扭曲和识别解决这些问题的手段，赋予机构能力，特别是会计系统，是相当可靠的。但预算监督不能充分防止学校经济收入的管理舞弊或无能，因为这些活动本身不能保证财务报告或财务规定完全符合精度，这只是审计的功能。因此，学校需要进行内部审计，特别是对设备和其他资产，并检查审计线索从提交订单，收到发票，付款，取得收据和核实货物的交付。银行账户报表也需要和学校自身的财务记录，定期对账。但显然仅有内部审核也不充分利用学校人员防止欺诈，定期的外部审计也是必要的。外部审计可以由教育局或私人核数师进行(而不是由学校雇用)，由一个中央机构负责公共部门的诚信和效率。(2)高校各级领导应树立风险意识，重视风险管理，对内部审计的工作地位重新定位，并以制度的设置和法律的支持来保障高校内部审计机构的独立性和权威性。

---

① Jacques Hallak, Muriel Poisson. Corrupt schools, corrupt universities: What can be done. http://unpan1. un.org/intradoc/groups/public/documents/UNESCO/UNPAN025403. pdf.

完善^{大学章程}对内部治理机制的规约,明确内部审计的职责权限,保障内部审计的独立地位,这是规范高校内部审计运行机制的重要内容。可以借鉴澳大利亚国立大学内部审计机制,根据大学章程制定内部审计章程。内部审计章程的制定对于指导、规范和约束高校内部审计活动,为内部审计采取系统、独立、客观的评价行动和监督行为提供制度保障。(3)高校应当借鉴国外经验和《企业内部控制体系建设基本规范》提供的治理模式,在高校党委会下设审计委员会。审计委员会直接对高校党委会负责,高校内部审计机构应作为独立办公部门,隶属审计委员会,从工作业务上可直接对高校法人负责。审计委员会应审查高校内部控制的设置是否合理,监督内部控制是否有效实施,其主要职责包括内审人员配备、内审人员选拔与考核、后续教育等。内部审计部门的职责主要包括是否制订了高校内审工作计划、计划的审批、审计的内容及范围、审计工作底稿的编制及审计报告的撰写,有针对性地提出合理化建议等具体审计工作。内部审计部门从业务、行政上分别隶属于不同的主体,应分清内部审计部门的职责和权限,从而保证内部审计机构设置、人员配备和工作的独立性。

还需要指出的是,三类高校内部专业监督机构存在以下具有共性的问题:一是监督机构生存空间的缩略性。实践中,纪检、监察和审计这三类机构在有些高校独立设置,有些则合二为一,如纪委与监察或监察与审计合署办公,甚至也有合三为一的,形式上分属于党委系统和行政系统,而实质上是"一套人马,三块牌子",同时承担着党的纪律检查、行政监察和审计职责。可见,教育法制赋予这些监督机构的监督职能已通过空间的转换而被模糊与缩略了。二是监督机构职能发挥的分散性。现有监督机构,或是各行其职,缺乏联系与沟通;或是模糊成一片,减损和削弱了监督功能的辐射面和强度,并没有带来资源整合的预期效果。立法赋予这些机构的不同分工和侧重点,在实际运作中往往是不清晰的。对广大师生来说,因不能正确区分各监督机构的职权范围和监督领域,存在具体操作上的困难和障碍,从而减少了行使监督权的意愿和动力。

为此,亦可借鉴行政机关的监察工作的改进思路,设立统一的独立于大部门之外的监督机构。关于监督机构设立,不需要建立与决策、执行点对点的一一对应的机构,只需要在大部外建立一套监督体系即可,由这一套监督体系分片派出分支机构实施监督。这套监督体系的建立也不必另建新的,只需要充分利用和整合现有的监督资源即可。这可以借鉴"随州模式"的"大纪检"的做法。整合原有的纪检、监察、审计监督类机构,组成"大监督"部门。改革纪委、监察原有的"双重领导",变为上级纪委、监察直接领导。在人、财、物、执法等方面保持相对独立性,如领导由上级政府任免,编制由编制管理机构核定,经费由财政直接划拨。这样既保持大部与监管机构之间必要的协作,又维护监管的独立性和权威性。①基于此,大学可设立内部监督委员会,委员会设高校法治工作机构作为办事机构,这样,可以把专门监督、章程监督、民主监督、执行监督等协同起来,进而有助于强化内部监督权及其运行机制的建设与完善。

---

① 郑曙村:《建立决策、执行、监督制约与协调机制的维度及构想——兼与"行政三分制"论商榷》,《四川行政学院学报》2010年第5期。

第五章
决策机制:民主·参与·制约

大学自治应采取民主决策的形式。大学的所有成员都是大学组织的重要构成元素,大学重大事项的决策应是大学成员民主协商、利益均衡的结果。民主决策具有民主参与和民主监督的价值。大学应着力推进决策机制的民主化路径建设,努力通过广泛而持续的参与增加决策中的知识和信息投入,增进参与者之间的认同感,进而对高校决策者形成有效监督和约束,切实提升学校决策的公信力。

一、高校决策权概述

2012 年 11 月,教育部印发《全面推进依法治校实施纲要》(以下简称《纲要》)富有针对性地强调了要"健全科学民主决策机制","大力推进决策的科学化、民主化和法治化"。近年来,各地高校积极落实《纲要》内容,取得了长足的进步。与此同时,我们也发现,高校内部决策依然存在诸多问题,很大程度上制约着高校人才培养、科学研究等职能的有效发挥。究其原因,其中一个不可忽视的方面,就是对高校决策权力的性质、地位及其权力结构、运行机制缺乏学理上清晰深刻的认识。

(一) 高校决策权:内涵、性质与功能

管理学家西蒙认为"管理就是决策",可见在任何组织中,决策都占据着组织管理的中心地位,高校也不例外。作为培养高级专门人才的高等学校,决策关系到学校的人才培养质量、科学研究的发展以及社会服务的水平等学校发展事务。在高校各类管理过程中,决策活动贯穿于始终并居于核心地位。决策的重要地位,决定了决策应当是作为现代大学治理的重要研究议题。一般意义

上，高校决策是指高校决策机构及其人员对学校各类管理活动制定政策或做出决定的过程，决策正确与否是高校管理成功的关键因素之一，大学内部治理的各个环节都是围绕高校决策这个中心而开展活动的。简而言之，决策即做出决定，教育管理活动中主体一切做决定的行为都可称之为决策。具体来说，高校决策是指高校决策主体(决策机构及其人员)，为实现预定的教育目标，运用其掌握的决策权力，按照一定原则、方法和程序，对学校各类管理活动制定政策或针对特定事项做出具体决定的过程。决策根据其内容的抽象或具体可分为两类：一是制定内部规则，主要以章程、规章制度、办法措施等形式出现。二是对具体管理事务的决定。比如对特定师生的奖惩决定、对某一具体项目的审批等。

高校决策是一个动态过程，即决策权力的运行过程，它是以决策权力为核心内容的。从对教育法的规范条例分析，目前尚无明确的关于高校决策权的立法界定。我国《高等教育法》第11条规定："高等学校应面向社会，依法自主办学，实行民主管理。"该法第32—35条进一步明确，高校拥有招生办学、校内管理、学术自由等方面的自治权，即法律赋予学校为保证实现其机构目标而对其自身事务进行处置的自主管理权。作为自治权的核心部分，高校决策权力是指高校利用其掌握的资源，对高等教育事务进行管理并做出选择，同时也对利益相关者产生影响的能力。

在依法治校的语境下，决策权力及其规范运行自然成为高校管理民主与法治的基本要义。首先，高校决策权力必须依法行使，即从内容到形式上都应符合法律、法规、规章和学校章程的规定或符合立法目的，不能违反法律法规的禁止性规定，否则可认定其违法或无效。其次，作为一项重要的高校内部治理权，决策权力要有边界而且需公开以便接受监督，即高校决策应推行权力清单制度。第三，决策内容一经确定和付诸实施，便具有普遍的约束力和权威性，任何组织或个人都不得违反，否则将受到惩罚。最后，高校决策者要承担相应的政治与法律责任。高校作为教育权力机构，拥有较大的教育决策权，这是其履行职责的前提和需要，与此同时，拥有权力就意味着责任。《纲要》明确指出，公办学校因违反决策规定、出现重大决策失误、造成重大损失的，要按照谁决策、谁负责的原则追究责任。

高校决策权作为一种权威影响力或支配力,普遍存在于高校管理领域,它是高校自主权中最为广泛和深刻地与学校教育事务发生关系的一种权力,依靠这种力量可以造成某种特定的局面或结果,对高校教育管理影响深远。首先,高校决策权力的行使关系到高等教育的发展方向。大学治理的核心工作是确定教育管理目标,而目标恰当与否取决于教育决策。决策是高校管理活动的先导,离开教育决策,任何教育活动都将失去依据和准绳。其次,高校决策权力的行使关系到教育资源的权威性分配。决策权实质上是一种价值、资源的控制和选择,决策权的合理行使能优化教育资源的配置,同时也有利于高校管理职能的转化,增强服务与责任意识,纠正高校管理泛行政化的缺陷。最后,高校决策权力的行使关系到学校中各利益相关者的意志表达和利益平衡。高校决策对事关师生权益的专业、学科、教学、科研、项目以及保障资源等的配置做出决定,进而决定了教师职业发展权和学生受教育权,对师生权利之保障至关重要。换言之,高校决策权力的运用过程是高校权力与师生权益之间教育法律关系的动态表现。

(二)决策权配置与决策机构

决策以权力为基础,每个决策模式都包含决策主体的结构关系和权力构成关系。

1. 决策权配置——纵向维度与横向维度

(1)横向层面的决策权配置

与大学内部治理权的配置一样,关于决策权的分配同样有"二元说"和"三元说"之分。"三元说"认为,从现代大学的组织形式来看,大学存在三种基本权力:政治权力、行政权力和学术权力。从各国大学管理决策体系的历史发展和实践来看,各种权力都有对大学事务做出决策的要求。政治权力是统治力量在大学的延伸,要求大学要满足国家和社会发展的政治需要,关注大学发展规划、人才培养规格等宏观决策;行政权力基于大学的公共组织特性,要求大学要符合公共组织的运转规律,如"等级区分、明确分工、标准化作业、目标导向、追求效率"等;学术权力则源自大学的基本属性,要求大学要以学术为导向,提供充分的学术自由,促进大学学术繁荣。三种权力既有融合也有冲突,在不同环境下通过相互博弈达到某种均衡就形成了不同的大学决策模式：以政治权力为主的大学决策模式、以行政权力为主的大学决策模式和以学术权力为主的大学决策模式。①"二元说"认为，大学权力通常分为行政权力和学术权力两种基本类型。行政权力是为了更好地维系高校运作而产生的一种派生权力。它依托等级制度，以效率化为追求目标，同时依靠各种规章制度的授权，以"科层制"的方式运行，强化照章办事和等级服从。总而言之，行政权力不同于学术权力所秉承的真理导向和其所具有的散漫特质，它以提升办学中的管理效率为主要导向，以服从和秩序为基本特征。②

近年来，中国高校以行政权力为主导的决策管理模式已经严重阻碍了高等教育的发展，高校过度行政化、官僚化的现象引起了社会各界的广泛关注。由此，大学治理的核心问题是大学决策权力的分配。③针对公立高校治理中行政权力膨胀与泛化问题，高校权力得到了适度分流，根据决策事务的不同，主要界分为行政决策权力和学术决策权力两种基本类型，从而使学术权力得到一定程度的彰显。相应地，行政管理决策由校长及相关职能部门行使，学术管理决策主要由学术委员会行使。在贯彻落实《国家中长期教育改革和发展规划纲要（2010—2020年）》的过程中，高校学术权力逐渐得到延伸和拓展，教学改革、专业设置、教育教学发展规划、科学研究发展规划等学术事务的决策权渐渐纳入其范畴。校学术委员会根据学术工作发展需要，下设教学委员会、科研委员会、人才评价委员会、学术道德建设委员会等专门委员会，完成校学术委员会委托的有关评议和咨询等工作，各专门委员会挂靠相应职能部门。但从实际运作看，学校各类学术性委员会组织还不够健全，在承担咨询还是决策功能之间定位不明。

西方各国高等学校的法人治理机制虽然各具特色，但有一点是相同的。即通过学术权力制衡行政权力，以捍卫大学的理想，使大学始终成为知识传授、知识创新的场所。为了保持大学的独立性，各国采取大学法人化等一系列的措

① 檀慧玲：《比较视野下中国大学决策权力运行机制研究》，《国家教育行政学院学报》2014年第5期。
② 张胤、武丽民：《"行政主导"到"学术为本、权力共治"——从〈高等学校学术委员会规程〉看中国高校治理结构》，《江苏高教》2015年第1期。
③ 周光礼：《重构高校治理结构：协调行政权力与学术权力》，《中国高等教育》2005年第19期。

施,同时在高等学校的内部权利配置上,明确规定学术组织在教学、科学研究等学术领域的决策权与管理权,甚至有选拔或推荐校长的权力,以预防学校行政权力的扩张与膨胀。①

（2）纵向层面的决策权配置

一直以来,现代大学制度建设遵循"自上而下"的制度决策模式。从治理的观点看,现代大学制度决策层级要求是:大学相关事务的处理应当在最低层次上做出决定。我国现代大学制度决策的层级包括政府—大学—院系三级结构,大学内部利益相关者是最有资格的现代大学制度的决策人,那么在制度供给链上,大学及其内部院系将争夺制度供给的主体地位,这取决于大学采取的内部治理结构。有学者比较了官僚制治理结构、学院治理结构与共同治理结构,指出在各种不同的内部治理结构中,不同的利益相关者各自的地位和角色是不同的。在官僚制治理结构中,高等教育被认为是一项与政府相同性质的事业,决策过程高度"官僚化",按照韦伯的科层制管理模式理论,校长或副校长是决策的制定者,实行校、院两级管理或校、院、系三级管理的层级制管理,院系是决策的最终执行者。在合议治理结构中,根据人力资本理论中个人与组织发展的关系,关注的是教师的专业化发展及学术权力的实现,决策权力由"学者的共同体"来掌握,其他力量很少介入。在共同治理中,根据冲突理论,决策是由不同的利益群体（比如董事会、以校长为首的行政管理层、教授及学生群体）通过协商、谈判而形成的,行政权力能够克服学术权力的无助和虚空,而学术权力能够克服行政权力的垄断和独裁。可见,在不同的治理结构中,制度决策中心和权力配置都是不同的,各种治理结构都有优点和缺点。②

2. 决策机构及其运行

决策机构的设置及其相应职责的规定是高校内部治理要素的核心。现行教育法制确立了我国公立高校基本管理体制是党委领导下的校长负责制。在实际运作中,学校决策主体和参与机构组成一个科学有序的决策系统,各自发挥着特定功能,合力促进高等教育事业的发展。

（1）决策主体及其职权的立法设定。根据我国《高等教育法》第39、41、42

---

① 陈鹏、刘献君:《我国公立高等学校法人治理结构的缺陷与完善》,《教育研究》2006年第12期。

② 陈梦迁、黄明东:《治理框架下现代大学制度决策的逻辑与模式建构》,《现代大学教育》2013年第4期。

条的规定以及《纲要》有关内容,可以认定公立学校决策权基本归属于三类主体:一是高校党委。学校党委是学校的领导核心和最高权力机关,按照党章和有关规定统一领导学校工作,在学校决策体制中居于领导地位。与此同时,党委本身也是一个决策机构,讨论决定学校内部组织机构的设置和相关人选以及学校的改革、发展和基本管理制度等重大事项。二是高校校长。其在党委领导下,全面负责本校的教学、科研和其他行政管理工作,主要通过校长办公会议或者校务会议来行使其决策权。校长办公会议为学校行政领导贯彻学校党委和党委常委会精神,对重要行政事项研究和决策的工作会议,校长办公会议是主要的行政决策机构。校长办公会议由校长主持,根据学校行政管理工作安排议题,按照集体讨论、校长决定的方式决策学校管理中的重大问题。三是学术委员会,审议学科、专业的设置,教学、科研计划方案,评定教学、科研成果等有关学术事项。为保障学术民主和自由、维护学术利益,在现代大学制度建设实践中,学术委员会的决策权力得到补充,并有了实质性的发展。学术委员会是最高学术权力机构,统筹行使对学校学术事务的咨询、评定、审议和决策权。学术委员会的职责主要包括:审议学术发展规划、审议学科专业设置与调整方案、评定科研成果、评议学术争议维护学术道德、评议教师成就和任职资格、促进学术交流。

(2)辅助决策系统及其运行。主要有两类:一是决策咨询机构,如高教研究室、政策研究室。这是帮助校长决策的参谋机构,成为现代高校领导体制中的一个重要组成部分。这类机构里聚集多种类型的专家学者,为决策层提供信息搜集、咨询建议、调查研究及方案论证。二是教职工代表大会,简称教代会。学校教代会是教职工依法参与学校民主管理和监督的基本形式。《纲要》强调指出,要扩大有序参与,加强议事协商,充分发挥教代会等群众组织在民主决策机制中的作用。由此可见,立法上是将教代会作为一个民意表达和参与决策的机构而并非决策权力主体的。根据2012年《学校教职工代表大会规定》第7条,教代会职权主要是通过听取和讨论环节对学校工作提出意见和建议。尽管第7条也规定教代会的意见建议"以会议决议的方式做出",但决议的内容、性质仍然是"意见和建议",不具有最终的确定性和决断性等决策权的内涵和效力。一些涉及学校发展的重大事项虽需要提交教代会讨论并表决通过,但这些尚不足以构成以教代会作为专门决策主体的高校决策权力结构的重大变革,因为其中仍然是缺乏决策的自主性和决断性,并且决策责任与决策参与也不相匹配,可见教代会仅仅是决策权的参与机制的发展,而并非高校决策权的分解化配置。当然,在发展的视角下看待,这的确给了后续高校决策权力结构的进一步完善一个指向或支点。

二、高校决策体制及其运行

(一)高校决策体制概述

大学是知识创造、人才培养的重要机构,其发展与国家的发展休戚相关,而决策是否科学、合理对大学组织的兴衰又具有决定性作用,因此在20世纪50年代组织决策理论兴起之后,大学的决策过程开始成为中外学者们关注的话题,由此也形成了种种大学决策体制模式。对大学来说,科学的决策体制是大学决策质量和决策效率的前提,如果体制不合理,就会导致决策系统紊乱,各方面工作失去平衡,从而导致决策成本的上升。

1. 大学决策的政治模式。国外学者研究普遍认为,大学是权力多元化的社会组织,决策的过程实质体现为不同利益团体之间的力量博弈过程。基于此,维克托·鲍德里奇提出了大学决策的政治模式,他认为教授、学生、校行政领导作为各利益团体都有各自观点,最终的决策结果必然是各方利益的妥协和协商。[①]

2. 大学董事会决策机制。根据法人治理理论,在政府与大学建立起契约关系以后,大学要在内部建立一个校内的最高权力机构以及决策机制,即参照公司治理结构建立"大学董事会"或"大学理事会"。大学董事会制度是现代大学制度的重要组成部分,建立健全大学董事会制度是中国特色现代大学制度建设过程中的重要内容。董事会是大学治理结构中的重要组成部分,是社会各界人士参与大学治理的制度保障,在董事会制度的建设过程中,首先必须明确董事会在大学治理结构中的地位和作用。绝大部分国家和地区大学的最高决策机构是董事会(或理事会),并且董事会(或理事会)负责任命校长担任学校的最高执行长官。

---

① 张端鸿:《中国公立大学法人治理结构研究——以A大学为例》,复旦大学2013年博士学位论文。

3. 大学委员会制度。《法国教育法典》规定，法国大学的最高决策机构是三个委员会：校务委员会、学术委员会、学习与大学生会委员会。其中法国大学校务委员会是法国大学的决策机构，负责决定本校的政策，尤其是审定与政府签订的合同内容，决定预算和决算，分配人员编制等事项。①此外，许多国家和地区的大学为了确保最高决策机构更加科学、专业地决策，在章程中明确设立常务委员会以及若干专门委员会专门辅助最高决策机构从事相关领域的决策。例如，美、德、日三国大学中评议会下面都设有许多委员会，分别履行各自的审议、咨询、决策职能。实行个人负责制和会议制相结合的体制。校长负责制，但不是校长大权独揽，会议制保证了学术权力的参与和决策的科学化、民主化。会议制设置的各种委员会，有多种功能，如决策、审议、咨询、参谋等，每个委员都主要执行其中一种或两种功能。②总的说来，各高校在教育、科研等高校核心业务，以及人事、财务等重要资源配置方面设立专门委员会的较多，也有部分高校仅在章程中较为模糊地规定最高决策机构"可设立若干下属专门委员会"。③

4. 共同治理决策体制。美国大学逐渐确立了各层次利益相关者"共同治理"的制度，肯定和保障教师在大学决策中的权利，确立了各层次利益相关者在大学治理中的基本地位。教师参与大学治理的合法性是基于他们的专业知识，行政管理人员参与大学治理的合法性是基于他们的管理能力，董事会成员则是基于他们的宗旨。美国许多私立大学和公立大学还吸纳1—2名学生进入学校董事会。对29部盎格鲁-撒克逊传统大学章程文本的统计分析显示，93.1%的文本规定了教授、非教授教学人员和非教学人员参与学校决策和管理的权利，69%的文本规定了政府参与大学治理的方式和人员比例，89.7%的文本规定了在校学生参与学校决策和管理的权利。④

综上，从世界范围来看，大学主流选择的决策体制是董事会或理事会制，主

---

① 马陆亭：《大学章程地位与要素的国际比较》，《教育研究》2009年第6期。

② 张德祥：《美、德、日三国大学学术权力和行政权力关系的现状——结构及其运行》，《辽宁高等教育研究》1998年第1期；张德祥：《高等学校的学术权力与行政权力》，南京师范大学出版社2002年版，第223页。

③ 刘虹、张瑞鸿：《大学章程治理要素的国际比较》，《复旦教育论坛》2012年第3期。

④ 朱家德：《现代大学章程的分类研究——基于章程文本内容分析的实证研究》，《中国高教研究》2011年第11期。

流选择的执行体制是校长负责制,部分国家和地区的大学设置了专门的监督体制。与公司治理和政府管理相比,共同治理是大学治理较为独有的特征,教授组成的共同治理委员会在不同国家和地区大学的章程中有不同程度的体现。学院制和系制是最为广泛使用的纵向管理体制,设置专门的专业学院从事专业学位教育是一种趋势。

我国大学权力结构与西方国家大学的权力体制有较大差异。中国则是唯一一个由执政党委员会担任大学最高决策机构的国家。在中国,高等教育管理者和研究者一般都认为,《高等教育法》规定了党委领导下的校长负责制是大学治理的基本制度,党委领导的实现形式自然是将党委会作为最高决策机构。事实上,法律并没有对此有过硬性规定,中国的公办大学也可以尝试创设董事会或理事会来充当最高决策机构,在其内部再通过一定的机制实现党的领导,这样的制度空间是存在的。[①]

特别需要指出的是,大学在走向共同治理的过程中必须同时寻求有效治理,通过提升有效性来增进合法性,否则共同治理难以持续。有效治理相对于治理的失灵或低效的治理,是能够协调大学利益相关者的关系,规范决策权力和权威的行使,持续获取并充分利用资源实现大学目标的结构和过程。质言之,大学有效治理就是健全决策的结构与过程,保证以正确的方式做成正确的事。当前,我国大学应当以理顺行政权力和学术权力为重点,以民主负责的共治理念激活决策主体,以科学刚性的决策制度规范决策行为,以互信合作的决策机制提高决策质量。[②]

（二）高校决策权力运行——"去行政化"

1. "行政化"和"集权化"——决策运行基本特征

可以说,一个行政权力主导的大学必然出现所谓的"行政化"趋势,从而丧失其追求真理的积极性和创造性,迷失大学的终极价值。行政化是所有现代国家的基本特征,由此形成官僚政治。韦伯把官僚定义为在"法律理性"原则下,为了效率和管理而组织起来的社会组织网络。在一个章程之下运作,具有正式

---

① 刘虹、张瑞鸿:《大学章程治理要素的国际比较》,《复旦教育论坛》2012年第3期。
② 顾建民:《大学有效治理及其实现机制》,《教育发展研究》2016年第19期。

层级和正式沟通渠道，以及用以管理大量工作的政策规则，这样的机构叫作官僚机构。官僚组织内的个人由正式的行政结构和固有的指挥链分配决策的责任。①官僚制是法理社会（包括高校）的组织形式，体现行政管理组织的运行方式和职能。公立大学不可避免地受官僚政治影响，最典型的就是内部管理的"行政化"特点。

在我国大学治理内部，自主权"行政化"运行的表现主要有：(1)学术资源配置以行政为中心。校长、处长、院长几乎掌握了学校的所有学术与公共资源。教师只是被配置的对象。要获得学术资源，必须拥有资源配置权。因此，教授争当处长、院长便蔚然成风。这种学术资源配置模式不是大学的发明，而是大学模仿行政部门配置学术资源模式的结果。(2)大学组织结构向地方党政关系看齐。大学领导班子成员间的关系被地方党政关系模式化，分为一把手、二把手等。在这个模式中，往往先党后政，先政后学，先管理后学术。以党代政、以政代学已司空见惯。(3)工作机制行政化。科层制替代了大学的"扁平化"，以上下级关系、管理关系来设定组织机制。党管政，政管学，机关管学院，院长管教师，辅导员、班主任管学生。大学不像学府而如同官府。②

高校决策机制应该是在坚持党委统一领导、党政分工合作、协调运行的前提下，包括党委决策、行政决策和学术决策三个方面，其中党委决策是学校最高决策，行政决策、学术决策都应服从和服务于党委决策。现行的《高等教育法》《中国共产党普通高等学校基层组织工作条例》等，在对党委职责和校长职责的规定中，并没有明确党委和校长相互衔接，实施依法决策、民主决策和科学决策的要求；也没有将党委和校长连接为有机整体，即党委职责中没有涉及校长或校长办公会议的内容，校长职责中也没有提及党委或常委会的内容，只是笼统规定，党委统一领导学校工作，发挥领导核心作用，支持校长依法独立负责地开展工作等原则定调。这种原则提法，使高校决策者不易准确理解和操作。2014年中央办公厅印发的《关于坚持和完善普通高等学校党委领导下的校长负责制的实施意见》中，第一次明确了健全党委与行政议事决策制度，校长办公会议或

① Sue Kater, John S. Levin: Shared Governance in the Community College, http://arizona.openrepository.com/arizona/bitstream/10150/280287/1/azu_td_3089958_sip1_m.pdf.
② 徐显明：《大学理念论纲》，《中国社会科学》2010年第6期。

校务会议是学校行政议事决策机构,主要研究提出拟由党委讨论决定的重要事项方案,具体部署落实党委决议的有关措施,研究处理教学、科研、行政管理工作。党委会议和校长办公会议(校务会议)要坚持科学决策、民主决策、依法决策,防止个人或少数人专断和议而不决、决而不行,该实施意见中研究提出拟由党委讨论决定的重要事项方案,仍显笼统原则。这是由于法律法规长期以来没有就党委会、校长办公会如何统一衔接,就依法决策、民主决策、科学决策做出明确规定,以及两者"有机整体"关系上做出清晰界定而存在"错位"现象,使学校决策机制在理解和运行中出现不同的效果。①

2. 教授治学——"去行政化"的重要路径

学术型是大学的基本属性。在大学学术活动中,不可避免地会出现与学术活动相关的事务,如传授知识的内容、课题的选择、经费的使用、成果的评价、人员的评聘、学生的招录标准等,这些构成了学术事务。随着学术活动的日趋活跃,学术事务的内容也会更加丰富,复杂性也会增强,必然产生对学术事务管理的需求,也就需要权力的介入。大学最重要的传统就是学术自由,对高深知识的不断探索需要自由的思想和行为,学术权力则是学术自由的前提和基础。就大学而言,学术权力主体是教学、科研人员,但主要是那些代表大学最高学术水平的教授及由他们组成的团体。②大学治理克服"行政化"需要通过"教授治学"强化学术组织的作用,以充分认识和保障学术委员会、学位评定委员会、职称评审或评审推荐委员会、教授委员会等学术组织制度对提高学术权力的重要作用。学术委员会和各种咨询委员会等学术机构和教代会应承担起民主管理、监督、审议、信息反馈职能,以利于高校决策和管理的科学化、民主化和权力制衡。

2010年中共中央国务院印发的《国家中长期教育改革和发展规划纲要(2010—2020年)》强调了"教授治学"的重要性。该纲要指出,要完善中国特色现代大学制度,完善治理结构,探索教授治学的有效途径,充分发挥教授在教学、学术研究和学校管理中的作用。因此,深化高校"教授治学"运行机制和优化策略的研究,是一项具有现实紧迫性和深远意义的课题。

---

① 周熊文、吴四江:《论高校决策机制与依法治校》,《湖南科技大学学报(社会科学版)》2016年第2期。

② 于晓光、宋慧宇:《论高等教育系统学术权力与行政权力和谐关系之建立》,《吉林师范大学学报》2009年第5期。

目前,学术界对"教授治学"还没有统一、权威的解释。一般认为,教授治学,即教授参与学术事务的决策和管理,与党委领导、校长行政构成一个有机整体,是现代大学内部的一种治理模式,体现了现代大学制度的基本特征和内涵。[①]"教授治学"其内容包括教授治学科、治学术、治学风和治教学,具体涵盖了与学术、教学关系较为密切的大学管理领域,诸如学科和专业设置、教学与科研计划的制定、学生培养方案的制定、评定教学、科研成果等有关事项。"教授治学"本质上是一种高校民主管理方式,它促进了高校管理体制的改革,能使大学决策更科学、民主,有助于提高大学管理效率,也为高等教育质量提供了环境保障。

"教授治学"是我国高等院校适应形势发展而选择的一种比较理想的校内治理模式。要把理想转化为现实,需要有明确的建设思路和实现路径。目前"教授治学"的实现途径主要有以下三个方面。

第一,协调好行政治校与学术治学的关系,提升学术权力在高校管理中的比重。根据我国《高等教育法》的规定,高等学校实行党委领导下的校长负责制。因而,"教授治学"是在党委领导和校长行政前提之下参与大学的学术管理,以体现现代大学教学科研和学科建设的本质特征。因此,要协调好行政治校与学术治学的关系,把党委领导、校长行政和教授治学有机结合起来,进行学术管理与行政管理的顶层设计,使高校内部的各种权力(学术权力和行政权力)得到有效配置,优势互补,优化现代大学体制结构,发挥其最佳功能,这是建立现代大学制度的核心问题。为确保教授治学的规范性、民主性和公正性,要放宽行政权力的束缚,逐步淡化行政色彩,加快开展学术权力制度化建设。学术权力应更多下放到院系层面,如课程设置、教材选择、学生招生、学位授予、教师身份确认和晋升、科研水平鉴定等更多依靠学者专业性判断的学术事务,理当赋予学科、院系及教师更多话语权、审议权甚至直接决策权。为保证学术权力的落实,相应的人财物方面的行政权力也应给予院系更多自主权,让院系承担起自身发展和运行的更多责任。[②]

第二,完善和强化学术委员会的学术管理职能。我国《高等教育法》规定在高等学校设立学术委员会,明确了教师参与学术事务决策和管理的性质和范

---

① 张斌:《教授治学的意义及实现途径》,《教育评论》2009年第1期。
② 王战军、肖红缨:《大数据背景下的院系治理现代化》,《高等教育研究》2016年第3期。

围,突出了学术权力的作用,有利于调动广大教师参与学术管理的积极性。为加强民主管理,推进教授治学,2014年,教育部颁布了《高等学校学术委员会规程》(以下简称《规程》),对于学术组织的职权、组成、运作机制等问题进行了诠释和规范。从某种意义上来说,这部规程是前所未有的。它不仅为探索学术组织的相关问题提供了一个可供讨论的基线,而且表明了一种决心,即用新的权力运作机制———一种以学术为本、权力共治的机制来取代行政权力独大的局面[①],为推进教学治学实践提供了重要的规范依据。如第2条规定,高等学校应当依法设立学术委员会,健全以学术委员会为核心的学术管理体系与组织架构;并以学术委员会作为校内最高学术机构,统筹行使学术事务的决策、审议、评定和咨询等职权。《规程》规定学术委员会一般应当由学校不同学科、专业的具有正高级以上专业技术职务的人员组成,并应当有一定比例的青年教师,以改变成员单一的局面。同时规定学术委员会人数,为不低于15人的单数。其中,担任学校及职能部门党政领导职务的委员不超过委员总人数的1/4,不担任党政领导职务及院系主要负责人的专任教授,不少于委员总人数的1/2。如此详细的一个比例规定,限定了行政人员以及"双肩挑"人员的人数,大大增加了纯教授在学术委员会中的席位,从而为"学术精英"权力的有效发挥奠定了基础,同时也为合理数量的行政人员积极参与提供了空间。总之,《规程》对于遏制学术组织行政化,推动教授治学,以及拓展学术组织代表性方面做出了有益的尝试。高校应依据《规程》修订校学术委员会章程,进一步明确校学术委员会、学位评定委员会以及其他学术组织的组成原则、负责人产生机制,实现学术权力的明晰化和制度化,建立行之有效的"教授治学"常态化机制,完善教授治学的各项制度,使教授治学的运行有章可循。如美国大学教授协会,发布并结集出版一系列声明和报告(有"红皮书"之称),是美国高等教育领域涉及教师权利事务处理的主要依据,切实保障了美国高等院校教职员中的绝大多数具有了参与学院事务,特别是学术事务的基本权利。[②]

---

① 张胤、武丽民:《"行政主导"到"学术为本、权力共治"———从<高等学校学术委员会规程>看中国高校治理结构》,《江苏高教》2015年第1期。

② 杨凤英、毛祖桓:《美国高校教师权利的维护———以美国大学教授协会活动为例》,《比较教育研究》2008年第2期。

第三，增强校内民主，为"教授治学"营造自由民主的和谐环境。从西方发达国家大学发展历程来看，教授治学的形成与发展，同时也是民主意识在校园内部生根发芽的过程。学术自由是一所大学的灵魂所在，没有学术自由就不会有学术创新，"教授治学"也就只能流于形式。在民主自由和谐的氛围下，教授开展学术活动所遵从的是理性判断和对真理的执着信念，而不是因震慑于权威而盲目服从，从而使学术具有相对独立性和权威性，也有利于增强教授们执着的信念、强烈的主体意识、务实的工作态度、大胆的批判精神。因此，高校内部管理要树立以教学与学术为本的服务理念，其行政管理活动应保障和服务于教授治学，努力为教授治学创造良好的工作环境、学术环境和治学环境，加大力度培养出一支学术责任心强、学术水平高、人格健全的具有广泛代表性的高素质的教授专家队伍。另外，高校要进一步完善教授协会制度，通过各种活动形式，加强教授之间的交流与合作，发挥教授在教学科研等方面的引领作用，倡导教授以主人翁姿态参与学校的民主管理，对学校重大改革措施出台积极献计献策，进一步实现教授在治学中的核心价值。

三、高校决策权运行的民主化进路

（一）民主化是高校决策的价值取向

民主理论的研究表明"民主价值建立在协商民主基础之上"[1]，协商民主以个人权利与决策民主为核心，强调民主决策中大众参与和精英决断的调和而非割裂；在审议程序上，强调参与和对话过程本身。从卢梭到杜威等理论学家都强调，合法、民主的决定须建立在认同之上，而认同不仅仅是个人偏好的汇聚，应是公众理性讨论的结果。[2]因此，正如卡尔·科恩所言，"民主过程的本质就是参与决策"。公众参与是把公众的关心、需求和价值纳入到组织的决策过程，这是实践民主价值的重要途径。民主的价值理性和现实的精英决策之间尽管存在着张力，是高校权力运行中难以消解的内在矛盾，但是如何进一步扩大民主参与，是高校治理发展的理想化价值追求。《纲要》特别强调了"要扩大有序参

---

① ［阿根廷］尼诺：《慎议民主的宪法》，法律出版社2009年版，第14页。

② John Rawls. Political Liberalism, Columbia University Press, 1995, P. 224.

与,加强议事协商",由此,从各层次、各领域扩大有序参与,分层级、分类型地创新和推进协商民主形式是高校决策民主化的基本路径。

高校决策是否科学合理,关键在于其所确立的价值取向,因为这直接关系社会稳定和人们的社会道德价值观念。《纲要》指出大力推进学校决策的科学化、民主化、法治化,从而为高校决策机制的改革指明了目标和方向。其中,民主是基础,规定着决策的价值取向,是决策科学化的前提和基础,也是实现高校管理法治化的客观要求。民主化的决策是促进教育决策权力恰当分配、提高教育决策效益的主要手段,有助于在高校权力运行中形成有效的民主参与和决策监督机制,使高校管理活动获得强大的合法性支撑,有助于教育法治秩序的维护。因而,民主成为决策者追求的一种永无止境的价值目标。立足于我国现代大学制度建设之需,着力规范大学内部治理结构和权力运行规则,实现决策民主化,使利益相关者的权益在决策过程中得到充分的反应和体现,已被认为是一个厚重而迫切的实践课题。

在实践中,伴随着高校治理结构的调整,作为其核心要素的决策权在权力结构保持相对稳定的前提下,决策机制的改革完善取得了显著进步。但遗憾的是,与现代大学制度建设的要求相比,决策的民主化、科学化程度依然严重不足,主要体现为:(1)集权化。目前我国公立高校治理仍以精英决策模式为主,即决策权力主要集中在党委和校长手中,学术委员会行使权力很大程度上依赖于党委和行政的支持,教职工和学生的决策参与非常有限。其决策权力运行过程中赋权过度,包括:党委会赋权过重,议题范围过大,会议次数太多,决策变务虚;校长办公会议赋权过度(常常形成最终决策,或分享党委权力),议题范围过大,会议次数太多;班子成员赋权过度,人人都可开会,会会都有效。(2)虚置化。由于前期论证的缺位或不充分,在关涉学校发展战略的重大事项上,决策的时值影响力和支配力不足。(3)分散化。学校行政管理通常以某种领导小组加上办公室进行决策,在教学科研以及育人诸方面的统筹协调不够,部门之间互不通气,难以形成合力。(4)单向化。在招生,学籍管理、奖励、处分,颁发学位证书,聘任教师及奖励、处分等方面,决策信息垄断或不对称,决策者的单方面意志性较明显。(5)封闭化。决策过程中信息封闭程度偏高、参与面不广。"学校的决策还主要倚重学校层面和职能部门的党政领导,缺乏校内外专家学者和社会各界的咨询、论证,决策体系表现出明显的学校内部封闭性。"①(6)随意化。现行教育法律规范尚未对高校决策的权限、运行程序等做出明确规定,议事规则和程序规则的缺失导致了决策过程的随意性。

决策权力运行的合法性和正当性受到质疑和挑战。主要表现在:(1)程序规则的缺失。现行教育法律规范并没有对决策权的权限、运行程序等做出明确规定,通常是授权学校自行制定程序规则。一些高校对决策权的运行还未形成具体的操作规则,有些学校虽然制定了决策程序规则,但规则本身在正当性和合理性上仍存有一些问题。(2)决策过程的公开程度还不够,参与面不广,监督机制也不甚健全。由此,决策结果的科学性和合理性得不到充分保障,一定程度上致使整个学校管理工作陷入被动状态。

上述问题主要归因于决策民主的参与程度不高,参与渠道有限,参与效率低下,高校决策民主化运作大多停留于原则性概念层面,尚未进入实质性操作阶段。由此,要克服高校决策权力运行的上述症结,必须充分实现决策权力的民主化运作。

(二) 从广泛参与到有效参与:决策民主化运行的路径选择

1. 权力合理分置是高校决策广泛参与的前提和基础

公共决策权力的配置实质上是"话语权"的分配②,从法治意义而言,大学的治理就是权力的分配与制衡。一个组织的有效管理,必定是合理划分决策权力从而使各管理层面的决策协调进行。基于大学是一个利益相关者组织,大学改进决策主体结构,实现决策主体从单一化向多元化转变具有其客观必然性。因此需要在不打破党委领导下校长负责制的前提下保持决策权力的适度开放,结合高等教育体制改革的深化,按照不同的性质合理分权,健全决策机构的职责,依法明确高校党委会、校长办公会、学术委员会的职权范围和决策规则,保障职权行使上的独立性和有效性。

此外,要完善权力运行中的集体决策模式。校长负责制是一种集体讨论、

① 蒋达勇:《科学决策体系:完善高校内部治理的战略抓手》,《现代教育管理》2012年第12期。
② 王锡锌:《我国公共决策专家咨询制度的悖论及其克服——以美国〈联邦咨询委员会法〉为借鉴》,《法商研究》2007年第2期。

个人决定的决策模式,具有权责明确、富有效率、决定及时等优点。当然,校长决策也并非是绝对的个人决断,而是在民主协商、集思广益的基础上,通过校长办公会议或校务会议来行使其决策权。决策民主要求在学校行政管理的重大事项上,确立集体决策制度,即经过集体讨论后由集体共同决定的决策模式,它与现行的校长负责制并不矛盾,是后者的补充、发展和完善。集体决策是民主科学决策的基本要求和具体形式,法国行政学家夏尔·德巴什认为"决策是有很多人参加的复杂程序的结果","任何决策都需要各部门的协商以避免冲突和不和"①。如果没有良好的制度保障,多数人参与的集体决策也可能是错误的决定,因此需要建立重大事项集体决策规则以规范决策过程。凡是有关学校发展规划、基本建设、重大合作项目、重要资产处置以及重大教育教学改革等对校内影响重大或与师生利益紧密相关之事项,应当组织学校法制部门进行合法性论证,确立专业机构和主管部门测评相结合的决策风险评估机制,形成论证报告后才能提交决策机构讨论决定。在决策运行中具体可包括风险预测程序、调查论证程序、决策规划程序、公告听证程序、咨询协商程序等。

2. 扩大有序参与是高校决策民主化运行的必然选择

在现代化大学建设进程中,推进权力民主化运行需要扩展和加深高校利益相关者的决策参与,即大力推进参与的广泛性。广泛性是公众参与的理想状态所应有的特征之一,广泛参与使决策过程更开放,通过呈供更多的观点、视角而非囿于经选择的有偏差的有限资源,使决策主体更有可能获取正确的信息。②

因为,从"决策即选择"的维度看,决策是一种价值选择,为价值偏好提供机会,而不仅仅是执行现成的意愿。高校的民主决策在很大程度上要依靠利益群体的广泛参与来实现,要使众多利益主体的需求和愿望都能得到平等地对待并尽可能地满足。所谓广泛参与,可以理解为,在高校决策者的权力运行过程中,专家群体和利益相关者通过论证、协商等方式,参与到决策主体的权力运作过程,并试图影响决策者做出合理选择以处理学校教育管理事务的活动。其中,利益相关者的广泛参与,改变着决策机制的总体结构,使决策不再是单方面、线

---

① [法]夏尔·德巴什:《行政科学》,上海译文出版社2000年版,第65页。

② Reeve T. Bull. Making the Administrative State "Safe For Democracy": A Theoretical and Practical Analysis of Citizen Participation in Agency Decisionmaking. Administrative Law Review, 2013, 65(2).

性化和强力型的,而是协同化、展开性和商谈型的。

具体而言,参与的广泛性可体现在:其一,参与代表的广泛性。如《章程制定暂行办法》第16条规定,章程起草组织应当由学校党政领导、学术组织负责人、教师代表、学生代表、相关专家,以及学校举办者或者主管部门的代表组成,可以邀请社会相关方面的代表、社会知名人士、退休教职工代表、校友代表等参加。大学作为利益相关者组织的典型特性,内在地决定了大学决策参与主体需要实现多元化。学生家长及社会人士代表进入学校决策平台的制度安排,亦是决策民主化的客观要求。其二,参与领域的广泛性。就现状而言,学生的利益还未能较充分地参与到实质性的决策程序中来,对此,国外一些高校的做法值得借鉴,比如,德国汉堡的西海岸应用科技大学,教师应聘试讲,除了教师之外,还吸收学生代表参与面试并打分评审,从而使学生在教师聘任决策中具有一定的话语权。其三,参与途径的广泛性。目前的参与方式主要以党代会、教代会为主,这些师生参与民主管理和监督的基本形式,无疑发挥着不可替代的重要作用,但其均为非常设机构,致使广大师生的参与在时空上受到一定的局限,因而需要创制多种富有成效的民主参与方式和途径。

3. 有序参与的实施:从广泛性到有效性

决策参与有两种基本类型:消极参与式决策和积极参与式决策。消极参与被定义为参加的可能性,例如,潜在参与者可以要求某些信息或可以提供一定的建议;积极参与意味着实际参与了决策过程。[①]在决策过程参与体现了民主决策的价值理性,但不能保障参与的实质效果。决策的民主化目标只有落实到具体制度的架构上,广泛参与才能变成一种可操作的、现实的过程。在达尔民主理论的五项标准中,首当其冲的就是"有效的参与"。笔者认为,有效参与首先重在进行具有可行性、针对性、操作性的精细化制度设计。在高校现行决策权力结构之下,关键在于构筑三级参与机制,以有效修正传统参与模式之不足,提升参与的有效性。具体包括:(1)专家论证。专家参与讨论学校重大决策项目以及与具体决策问题相关的机遇和挑战,使专家知识或意见注入高校内部治理系统,从而提高决策的民主性和科学性,也给高校决策机构一个与利益相关

---

① Leo Goedegebuure, Harry de Boer: Governance and Decision-Making in Higher Education: Comparative Aspects, Tertiary Education and Management, September 1996, Volume 2, Issue 2, pp. 160–169.

者和专家建立关系并寻求支持的机会。目前高校都有组织校内外专家参与评审的决策制度。但从实际运作看,专家参与制度还存在一些问题,主要是程序上缺乏监督,透明度与权威性不足。比如,专家的选取与人数、专家意见的一边倒、专家不同意见的处理、专家中途离开、专家坐在一起相互交流意见、送审网评专家的程序透明度、网评专家的个人偏好和利益交换的防范等,这些有关专家意见的独立性、程序的公正性、专家责任追究等问题若得不到有效解决,最终可能使专家参与决策在较大程度上流于形式而起不到实质性的作用。(2)代表咨询委员会。遴选教职工代表以及校外利益相关者组成咨询委员会,审议学校重要决策,具体操作应符合以下要求:成员需要有代表性;成员应提前接收相关信息材料(包括专家论证意见)以便需认真学习和思考需要审议的决策内容;学校应付给参与代表一定的津贴以增加责任感;如果决策主体最终没有采纳咨询委员会的意见,应向委员会做出解释和说明。教师参与学校或学院学术政策的制定和具体重要决策,可以发挥一线教师在改进教学方法和评估学术水平上的作用。所以大学章程中应明确和保障教师有权参与教学、科研工作审查和相关政策制定等。(3)网络平台在线参与。网络技术和信息爆炸改进了公共生活的民主特质,进一步利用电子信息技术推进参与式民主势所必然。高校可利用网络平台的开放性与低成本,增加参与方式和途径,为个体参与提供便利,缓解广大师生和校外利益相关者难以进入学校决策平台和制度安排的现状,也便于对重大决策过程实行及时监督。在线参与的方式可以是多样的,比如在线竞赛或竞争,可以设立"创新奖"给那些提供突破性方案的参与者。也可以尝试网络会议,实现审议过程与现时参与或监控同步进行等。

　　上述三种机制各有利弊,因此需要整合使用。专家论证在一定程度上保障了决策的权威性,专家可负责遴选咨询委员会的具体成员,以确保代表选择的科学性;代表咨询委员会深度讨论决策事项,为学校决策提供利益相关者的政策偏好和其他重要信息,以增强决策的有效性和针对性;网络平台保障了参与的广泛性,并且能收集到个体的特定意见或强烈不满等特殊信息,用来修正代表咨询委员会给出的建议,避免代表咨询委员会因群体从众而带来的决策偏颇甚至失误。此外,代表咨询委员会以外的其他人也可以借此来影响审议过程,把利益相关者的信息尽可能全面地融入决策主体的决断中,切实提升学校决策的公信力和执行力。

从长远看，为保障参与效果，更需要致力于参与文化的构筑。众所周知，公众参与意识薄弱或公众缺乏参与习惯已成为当前决策民主化运行深度改革的一个瓶颈。参与意识的培养与教育，是保障有效参与的一个基本环节，需要通过学校有计划地组织各种民主实践活动来完成。因为，参与积极性和参与意识及能力的提升是相辅相成的。一方面，公众参与本身要求该项活动或过程应该具有教育性，如决策的审议讨论本身是一个受教育的过程；另一方面，参与决策的结果应被有效实施以增强参与者的投入感，由此形成一个良性循环。可见，改变组织内部文化以适应和保障决策参与，无疑成为时下及今后一个全面推进教育法治的厚重而迫切的实践课题。为此，学校要转变观念，确立公开透明决策和内部协同的理念，逐渐习惯于把决策权置于阳光下，并制定培训、激励、参与标准、意见反馈、效果评价等一系列参与机制，在日常管理工作中动员、引导和吸纳广大师生的参与，使参与成为一种治理常态，以夯实其作为协商民主之根基。

4. 扩大有序参与的保障：大数据分析

广泛参与给高校决策带来海量数据，如何使每一种声音都能反映在决策中，这是高校面临的难题与挑战。传统决策模式通常对数据信息按照决策者的偏好和特定的决策目标进行筛选与取舍，从而使广泛参与的民主决策很难跳出"专家和精英"的模式框架。随着云技术、移动技术、物联网技术等逐渐引入到学校应用，如云学习平台、云图书馆、节能平台、智能监控等，数据成倍增长，表明高校亦正步入大数据时代，从而也给学校民主决策和公众参与带来创新契机。

高校决策的有序参与，可以借助大数据平台使公众有效参与理论得到进一步的拓展。一方面，大数据决策提升了民主参与的广泛性。大数据的核心是数据，然后是数据技术和思维，只有先占有海量的数据，才能挖掘出巨大的价值。因此大数据决策呼唤公众参与的广泛性，一般地，大数据即数据的全样本，从而使得人人参与在形式上成为一种可能。另一方面，大数据决策在实质上使得决策结果中能融入每一个参与者的意见和想法，从而保障了参与的有效性。此外，大数据决策能促进部门之间的沟通与协调，减少信息因冗余重复或孤立隔绝而造成的资源浪费。可见，大数据可以成为助力公众参与民主决策的重要手段。高校进行大数据决策显然具备技术、设备和人员上的优势,即具备相当的数据搜集、处理能力,因此,高校应积极开拓大数据的思路,健全大数据决策机构和平台,促进大数据成为助力公众参与民主决策的重要手段。

随着依法治校目标的推进,高校权力决策模式从行政权力的"一枝独秀"渐次向行政权力和学术权力的"花开两枝"悄然转向,但并没有从总体上扭转监督权力处于弱势状态的局面。因此,大学章程建设须深刻认识高校决策权作为高校内部治理权能的核心和实质,深刻认识高校决策权力结构是其治理结构的关键和骨架,在章程内容中将发展委员会、学术委员会等的地位、角色和职能进一步明晰和固化。着力推进高校决策机制的民主化程序建设,努力通过广泛持续与合法有效的参与增加决策中的知识和信息投入,是高校决策民主化运作使然,以使得高校内部治理的决策过程和结果有效而充分地体现制度理性、程序民主、结果正义,从而扎实稳健地推动依法治校和现代学校制度的建设进程。

第六章

执行监督:效率·透明·问责

组织行为的专业化分离是社会分工在组织管理领域的反映,有利于管理水平的提高。社会活动越复杂,分工就越细密;社会组织化程度越高,分工就越严格。大学作为一种具有复杂社会活动的组织,自然也不例外,由此,决策、执行与监督成为大学内部治理的三项基本活动,决策、执行与监督的三事分工也构成了大学治理的基本权力结构。执行活动作为大学治理执行权力的实施,执行监督亦成为保障执行权力规范运行的题中之义。

监督权的运行贯穿大学治理的全过程,包括决策监督、执行监督和监督之保障。前文已探讨了章程执行与监督机构、内部治理权力机构中的监督权及其运行机制、高校内部专门监督机构的职责运行,以及大学决策过程的监督与制约等。本章将进一步探讨决策执行的监督以及监督之保障,以在逻辑上实现监督权力对大学内部治理的全程覆盖。

一、决策执行

(一)决策执行概述

牛津大学的《大学治理白皮书》把大学治理决策的过程概括为:"设定现代大学制度决策的目标,并实现它们,同时监督决策执行的进程。"[1]可见,决策在广义上包括了决策制定、决策执行和执行监督。狭义的"决策"是指做出决定或选择;"执行"是贯彻实施决定的活动。决策执行,即贯彻实施决策者所做出的决定或选择,是将决策理念付诸实践的一系列活动。高等学校决策执行是指,

---

[1] Oxford. White Paper on University Governance. Oxford University Gazette, 36(supp. 5).

在高等学校内部,决策执行者依据决策的指示、要求,为实现决策目标、取得预期效果,决策执行者调动人力,利用资源、技术,不断采取积极措施的动态过程。高校决策执行包括:决策执行者、决策执行资源、决策执行程序、决策执行目标群体和决策执行环境等。①

决策执行是"结构合理、决策科学、执行顺畅、监督有力、运转高效"的内部权力运行机制的重要构成,是高校内部治理权运行的重要环节。执行权之所以要与决策权相分离,其意义正在于通过行政过程来检查、检验决策,防止决策弊病,避免既是运动员又是裁判员模式的利益过分集中。决策与执行的分离,是对传统的、僵化的官僚体制的摒弃与突破,有利于提高公共管理效率和增强内部治理效能。决策执行在大学治理中具有重要的地位,是实现决策目标的必经之路,没有执行,决策只能是一纸空文。对此,美国政策学家艾利森认为:"在实现政策目标的过程中,方案确定的功能只占10%,而其余的90%取决于有效的执行。"②

决策执行是一项复杂的工程,涉及高校的职能部门、院系、教职工、学生等。决策执行研究属于动态过程研究,相对于决策制定来讲,决策执行更具有复杂性。然而,高校决策在执行过程中总是会出现偏离决策目标的现象,影响决策执行力,导致决策目标难以实现。高校决策执行偏差指的是在高校中,决策执行过程中出现的有意的或无意的偏离决策目标的现象。引发执行偏差的原因主要有③:第一,利益诱使执行者发生执行偏差。政策学者E·巴达驰将这种执行称为"执行赛局",即执行者与决策层之间利益的博弈,每个参与者都想实现自身利益的最大化。在这样的行动逻辑下,利益导致执行者在执行决策过程中,出现执行偏差以获得自身利益的最大化,无视组织整体决策目标的实现。这样的博弈往往是"零和博弈"甚至是"负和博弈"。第二,执行过程中的信息流失或曲解。信息不对称导致决策执行偏差。信息不对称是指交易双方之间存在着信息分布的不均,一方拥有信息优势,另一方则处于劣势,信息优势一方利用此种优势,实现利益最大化。基于委托—代理理论,高校决策制定者是委托人,高校中的各学院、职能部门等执行者是代理人,委托人委托代理人执行决

① 肖京林:《高校决策执行偏差的制度分析》,《江苏高教》2014年第6期。
② 石火学:《教育政策执行的概念、属性与内在价值》,《江苏高教》2012年第5期。
③ 肖京林:《高校决策执行偏差的制度分析》,《江苏高教》2014年第6期。

策,从而实现决策目标。在执行之前,由于高等学校是典型的科层制组织,其信息的流通渠道呈现层级化。在自上而下的信息传递过程中,拥有信息优势的一方可能基于自身利益考虑,故意删减信息或者曲解信息,或者可能出现信息的无意流失或者曲解。这些信息的不对称最终导致执行者并未掌握完全的决策信息,或者对决策精神未能充分理解,甚至误解,从而影响决策执行效果。第三,执行者的偏好。执行者在执行决策中拥有信息的优势,他们清楚地知道执行的进度、执行的效果以及执行的反馈等信息。但是,执行者在自下而上的反馈信息的过程中,并不会全盘托出,而是基于决策制定者、监督者等的"偏好"来进行汇报。通常情况下,执行者会隐藏执行中存在的问题,主要反映执行中的"成绩",有的甚至谎报、虚报执行实情,希望通过信息的反馈来实现个人的晋升或者群体、机构的发展等。同样,在自下而上的反馈过程中,执行者也可能出现信息统计失误、遗漏等无意识的信息失误。由于执行者在执行中隐藏了行动,占据着信息优势,造成决策制定者、监督者无法有效地监督执行活动,从而导致执行偏差。

（二）组织结构与执行体制

韦伯认为:"科层组织体现了理想的行政管理,而且科层制形式一直是大规模管理最有效的工具。"[1]因此,一所规模较大的大学必将是科层性的。科层组织机构通常包括内部各单位平行或隶属关系、各成员的职责、遵守的法律、执行的法规、工作的程序、控制的过程、报酬的等级和行为的设计等内容。[2]总体上来讲,官僚制组织结构中的上级掌握着决策权,而下级则执行上级的决策,上级对下级执行情况进行监督。三权之间天然地形成了级向的等级关系,他们组成的程序或过程形成了官僚制组织自上而下的等级间程序与过程。

我国公立大学是一个具有明显的科层制特征的公共组织,拥有一套完备的行政系统。校长是这套行政系统的首长,副校长以及下属行政机构是行政系统的重要组成部分。整套的执行体制包括了"校长、副校长、处长、副处长、科长、副科长、科员",这是一条比较长的命令执行链条,属于命令执行关系（行政隶属

[1] ［德］马克斯·韦伯:《经济与社会》(上),林荣远译,商务印书馆1997年版,第248页。
[2] 李卫东:《大学内部重点建设——对一种大学组织行为的研究》,华东师范大学2010年博士学位论文。

关系)。一个组织的内部执行机构按照科层设计形成两大系统,一是横向系统,包括行政机构和学术机构,其中行政机构以管理、协调为主要任务,主要是指受校长领导的学校各职能部门。学术机构是指学院层面的研究所、研究院等学术组织。二是纵向结构,包括学校、学院和系部三个层级。这是一种比较典型的直线职能制的组织结构。大学内部治理以"决策—执行—监督"三权职能划分为基本结构,这三权不是完全的相互分离,存在着三权之间的局部混合,因而须具备三权之间的相互协调,尤其是决策权和执行权之间的相互协调。

在目前的大学管理体制中,党委、校长、副校长是管理的权力核心,职能部门是管理的执行机构,这种管理体制中的权力分配较为集中。学校的行政系统掌握了决策权力、行政权力和大部分的学术行政事务权力,其中职能部门有决策建议权力和执行权力,可以说学校事务中的一些最为重要的职权,如人事、财务、资产、干部任用、教学管理、科研管理等,都集中在学校一级。学院虽然在大学组织结构体系中居于核心位置,但实际上并没有太大的管理权力。科层组织中存在的复杂关系有以下情形:(1)直线职能关系,如校级领导与各职能部门之间,学院与系、研究所之间存在领导与被领导、管理与被管理关系。(2)平行关系,如各职能部门之间、学院与学院之间属于平行同级的部门关系。在管理实践中,各职能部门之间会出现职权范围交叉重叠甚至矛盾冲突的情形,对二级学院的执行造成困难或混乱。此外,二级学院之间有时也需要有相互合作、协调处理的事项。(3)平行交叉关系。学院和职能部门之间的层级关系颇为复杂,从机构负责人的级别而言,双方应属于平行的部门,但由于学院这一组织的特殊性,即一方面学院在隶属关系上归校长、副校长领导,有管理学术事务的职权;另一方面在行政事务、学术行政事务上受职能部门的管理,学校职能部门分解最高层决策后需下达给二级学院具体执行,从而使两者的关系变得难以界定。学校在扩大学院自主管理权力的同时,又向学院转移财政负担,并把学术资源的配置权力等一些关键性权力进一步收紧,从而形成了行政职能部门对学院的实际控制。大学组织结构中这种学院与职能部门之间的关系可以说是导致部门冲突的体制性原因。[①]所以从执行链的关系来看,学校职能部门与学员

---

① 李卫东:《大学内部重点建设——对一种大学组织行为的研究》,华东师范大学2010年博士学位论文。

之间形成上条线层级关系。

基于当前的大学内部治理结构，中国高校执行体制存在三个弊端：第一，现有法律法规和大学章程都没有界定党委领导的具体职权范围，党委常委会的会议频率较高，议事范围较具体，治理权和执行权难以区分，很可能影响校长独立行使执行权；第二，校长、副校长作为党委成员，往往深深介入党委决策，而党委书记、副书记往往也分管一定的行政工作，导致决策层和执行层实际上无法分开；第三，条线制是实质的执行体制，"上级主管部门—副校长—职能部门—院系的执行链条对校长统筹学校行政、学术事务的管理会产生不利的影响"①。

长期以来，大学机构因运行效率低下而广受诟病。政府、大学师生以及社会各界不断提出指责，这既是大学改革和发展所面临的压力，也为中国特色现代大学制度建设提供了动力。目前，我国大学管理和运行效率低下主要体现在管理成本高、资源配置不合理、机构臃肿、组织凝聚力弱、责任体系缺失等诸多方面。由此，提高大学管理和运行效率成为了评价现代大学制度建设成效的重要标准。②基于此，在决策执行层面需要遵循效率效能原则：一、执行的效率原则。执行部门主要是组织落实决策之后的实施以及日常性的管理，由于行政系统是一个多层次、多机构、多职能、错综复杂的网络，为保证有效管理，执行系统要强调统一、高效、精简的原则。如果不能有效运行，便会出现政出多门、效率低下等现象。因此，要确保学校的决策能够落实，日常管理能顺利进行，必须理顺执行体制。具体而言需要：（1）把学校工作的重点真正放到院系一级，建立"分级管理、重心在院系"的执行体制。高等学校的结构重在基层，它特别依赖于下层释放能量。③为此，要精简校级机构，限制校级职能部门的权限；扩大院、系的权力，校级职能部门只起参谋服务作用，不能起领导、指挥作用。（2）要合理设置机构，明确各级职权；提高行政人员素质；健全规章制度，确立行政权力的行使范围和运作机制。高校行政系统和专职行政人员要树立"管理就是服务"的思想，摒弃"官本位"思想，淡化领导和指挥意识。④二、随时沟通原则。沟通

---

① 刘虹、张瑞鸿：《大学章程治理要素的国际比较》，《复旦教育论坛》2012年第3期。

② 钟秉林、赵应生、洪煜：《中国特色现代大学制度建设——目标、特征、内容及推进策略》，《北京师范大学学报（社会科学版）》2011年第4期。

③ ［英］迈克尔·夏托克：《高等教育的结构与管理》，王义端译，华东师范大学出版社1987年版，第28页。

④ 刘庆东：《高校决策执行监督机制研究》，《黑龙江教育（高教研究与评估）》2011年第8期。

贯穿于决策执行的全过程,沟通不畅造成的问题已越来越引起管理者的重视,通过建立校领导接待日、教授联席会等制度,使下情上达、上情下达,可以有效解决执行过程中产生的问题,促进执行力的提升。

二、执行监督

(一)执行监督概述

执行监督是对高校决策的执行过程与执行结果实施监控和督查,因而涉及执行权和监督权两种权力的运行,并在这两种权力结合之下衍生出执行监督权,执行监督权是监督权的一种。相对于决策、执行等核心职权,执行监督权在决策运行体系中较为边缘,无论在学界还是实践中均未能引起足够的关注,这也是导致高校内部监督乏力、腐败滋生的重要原因之一。执行监督作为监督权行使的一种途径或类型,覆盖大学任何决定的执行环节,包括行政决定和学术决定的执行监督。为讨论方便,本章主要以行政系统的决策执行作为研究视点。

执行监督的目的是使执行符合某个具有拘束力的决定——它是执行发生的前提。执行监督依监督主体的不同可以分为两类:一是决策主体对执行的监督。在上级的决策准确下达给下级后,就需要上级对下级的监督。决策权和执行权的等级间配置,就产生了上级决策权对下级执行权进行控制的监督权,正如韦伯所讲的那样:"由职务等级制原则与上诉渠道原则确立了一种公认的高级职务监督低级职务的上下级隶属关系。"①对此,大学组织通常设立绩效评估机构来行使执行监督权。二是监督个体(师生)和专门监督机关对决策执行的监督。专门监督机关的监督,一是基于其自身监督权的必然运行,二是为分担决策者的监督负担和专业化困境而运作。等级结构中的监督权同样会产生层次性,这是由于上级的人数总是少于下级,并且上级的专业性往往不如下级,因此上级无法完全行使监督权,需要将监督权部分下移给下级行使。官僚制中的决策者习惯将监督权委托给下级的专门机构来行使,但要受到决策者的直接控制,监督机构也直接向决策者负责,往往通过设立纪律检查机构、审计机构等来

---

① [德]马克斯·韦伯:《经济与社会(第二卷,上册)》,阎克文译,世纪出版集团、上海人民出版社2005年版,第1096页。

行使执行者廉政行为的监督权。①

基于监督环节的不同，执行监督可分为过程监督和结果监督两类。结果监督主要依据两项指标：效率与效能，合法与正当。根据不同的监督目的和内容，执行监督又可分为两类：一是绩效或效能监督。这是确保政策执行效果的监督，即"使用有效的支配方法，利用支配或者威胁的方法，确保对权威性规则实施的遵从"②，以确保下级能够实现上级的决策目标，将上级的决策真正付诸实施并取得良好的效果。这类监督是对执行机构绩效实施情况的监控，主要通过绩效合同、绩效评估等结果控制的形式，具体由学校各职能部门和二级学院实施。二是廉政监督或合法监督。这是上级对下级执行行为是否合法、廉洁的监督，确保下级在执行上级决策的过程中能够廉洁奉公、避免权力滥用，决策在执行的过程中不受或少受腐败行为的侵蚀。换言之，是对执行机构及其工作人员腐败行为的监督。

执行监督的内容体现在监督与控制的具体标的，主要包括：(1)监督执行者的努力程度，即执行者采取行动的数量和质量，侧重于对执行者的投入或能力而非结果的考察；(2)监督执行效果，即考察执行者努力的结果而非努力本身；(3)监督执行者行为的充分性，即考察执行者取得的执行成效是否充分实现了政策的需要；(4)监督执行者的行政效率，即成本评估的方式考察执行者可选择的路径或方法；(5)监督执行者的行为过程，即考察执行者如何以及为什么推动了项目的执行，如何以及为什么没有采取相关行动③；(6)监督执行者的廉洁程度，考察执行者是否遵循了公务人员的行为准则，是否发生了腐败行为。

执行监督具有双重性，一方面监督的目的在于执行目的的实现，保障执行的效率和效能；另一方面，执行监督"工作绩效很大程度上从属于执行人的执行状况，在考评中，执行状况与监督绩效呈反比关系，执行状况越混乱就越有利于执行监督'创造佳绩'，反之，执行状况越有序执行监督就越无法'邀功'"，"实践层面上的监督绩效并不取决于执行目的的实现。这种矛盾性考量着执行监督

---

① 杜倩博：《官僚制与自主权：政府部门决策、执行、监督权三结构优化》，复旦大学2013年博士学位论文。

② Parsons, M. Public Policy. Aldershot: Edward Elgar. 1995, pp. 518–519.

③ Edward Suchman. Evaluation Research, NewYork: Russell Sage, 1967, pp. 61–68.

从业人员的良知和上级绩效考评人员的智慧。"①

（二）执行监督机制的运行及完善

在大学内部治理过程，领导对下级自上而下的执行监督机制，通过组织机构的层级机制或行政权力运行，即直接的行政控制。具体包括四种情形。

（1）制定稳定、详尽的内部规则（大学章程及规章制度）对权力运行的合法性限制进行监督与监控。在决策执行过程中，执行部门及相关人员需要遵循具体的规则（实体和程序），规则本身就是一种控制机制。换言之，决策执行需要有具体细则，及依据章程制定的具体化的可操作的规则，都不得与章程相抵触。这些规则分为两种类型"行为规则"和"技术规则"。行为规则是对官僚的个人行为进行限制的规则，存在于办公机构的政策以及行为规范当中；技术规则对执行部门及人员如何完成其工作任务做出详细规定，目的是指导他们在各种情况和条件下如何做出应对。行为规则的控制作用体现为，这些规则为负面行为提出了惩罚措施，使执行部门和人员严格遵循规则行事并承担相应责任。技术规则对如何做出决定、怎样执行决定、采取怎样的行为、按照何种程序进行都做出了详细的、具体的规定，为各级执行部门及人员的执行决策行为留下了很小的空间，缩减自由裁量权，防止执行过程的随意性。这两种规则都限制了执行自主权和执行中的决策自主权，并能够较为有效地震慑高校腐败行为，是一种合规性监控机制。

（2）通过上级对下级下达命令、分配任务进行等级化监督控制。官僚制上级决策权对下级执行权的监督与控制是通过统一思想、服从战略目标和等级化命令链条来实现的，上级有权发布下级必须遵从的各种决策命令。通过这种等级化的命令结构，能够比较有效地推进执行权之间的协商、沟通与合作，这是因为上级决策权的命令介入能够在下级不同的执行权之间进行较为有效的利益取舍，能够通过命令纠正偏离上级决策者所设想的协调一致的行为。②

（3）专门监督机构的监督。官僚制结构中，上级决策者通过设立相对独立的对工作绩效、官僚腐败行为进行检查和报告的监控机构，对下级的执行自主

---

① 王志坤：《试论执行监督》，《法学杂志》2008年第2期。
② 杜倩博：《官僚制与自主权：政府部门决策、执行、监督权三结构优化》，复旦大学2013年博士学位论文。

权进行控制。独立监控机构具有四大优点，即"极大地增加了上层官员进行直接监督的能力"，"在执行部门的官方渠道之外，构建了自身的信息沟通渠道"，"允许越级处理执行部门问题"，"给操作性的官僚机构制造一个对手"①。由于专门监督机关具有一定的独立地位，这种独立的监控权就与执行权之间保持着一定的距离和张力，形成了二者之间的制约力：监控权试图不断加大对执行权的监控，而执行权又不断地对监控权做出防御性的反应。当然，无论是体制上还是实践操作层面，大学内部专门监督机构的独立性是相对的，往往客观上受到最高领导层的影响，从而使监督实效受到不同程度限制。

（4）校长的辅助机构、参谋机构等，通过非直线职能制运行的执行监督。校长行政权力的运行需要有辅助机构，这是任何组织内最高管理层行使职权下达命令的必要机构。一类辅助机构是人事、财务等辅助管理机构；另一类辅助机构是参谋部门，如学校发展规划处等，不仅起到决策咨询作用，同时指导执行部门及相关人员，以更好地实现监督控制之目的。

在大学内部治理实践中，执行监督权虽然具有相对独立性，但都与决策权有着紧密的关联，都由学校最高决策、管理层掌握，监督权与决策权在人员归属上没有明确的划分。决策权与监督权并没有分开。上级对下级执行情况的监督，实际上是一种体制内的问责，其独立性是很难保障的。为完善执行监督机制及其运行实效，需要考量以下因素：第一，监督的独立性。监督与执行相分离，监督者不是一个被动的信息收发点，而具有对接收到的相关信息综合、处理的功能。这一功能的发挥取决于监督者必须外在于执行人。因此，若采取行政的方式由上级对下级进行监控就难以回应中立性的要求。第二，监督的经常性。由于执行体系的闭锁特征，对其有效制约须借助于常设的监视、巡查。所以，上级机关即便想实时监控执行状况，也因难以突破执行的闭锁关系而流于形式。一言以蔽之，欲破除执行的闭锁关系，必须予以实时监控，这种监控必须是常设的、相伴的、外在的（独立评价）。②第三，监督者的自律。监督者作为信息接收点的性质，决定了他必须经常性地深入到执行场所，与执行相伴而生。监督者不能混淆自身角色，混同于执行人，甚至接手具体的矫正工作。如果监

---

① ［美］安东尼·唐斯：《官僚制内幕》，郭小聪等译，中国人民大学出版社2006年版，第158页。
② 王志坤：《试论执行监督》，《法学杂志》2008年第2期。

督者越俎代庖直接替代被监督者去行使决策执行权,会导致监督取代管理进而使监督权最终失去了存在的意义。第四,监督的公开性。监督者还要保持畅通的信息渠道,能够随时接受被执行人的控告、申诉,使执行体系有一个对外开放的窗口。第五,执行监督手段。完善绩效考核机制,建立合理的激励机制。避免考核"走过场"的现象,损伤大多数人的积极性,破坏公平的竞争环境。绩效考核包括三个主要步骤:界定工作本身的要求,评价实际的工作绩效,提供反馈。首先,界定工作本身的要求就意味着上下级在决策执行时对职责和标准达成共识;其次,反馈过程可以使管理者及执行者有机会通过制定计划来克服评价中揭示出来的低效率的行为,并强化已有的正确行为;最后,考核结果可以为管理者做出晋升或奖励以及制定必要的人力资源开发计划提供正确的依据。高校由于其人员结构的特殊性,人们更多追求的是自我实现的需要。因此,赋予责任、权力和给予奖励、晋升等方式所造成的员工的公平感对员工激励起着重要作用。一是参与管理,让员工实际分享上级的决策权。二是优化培训激励。三是发挥晋升激励的长效作用。①第六,监督的问责制。执行监督应职权相当。一方面应给予监控部门必要的组织协调、通报情况和处理问题的权力。同时,需建立完善的责任追究机制,对不作为、乱作为的行为,严肃追究责任,使决策得到切实的贯彻执行。

三、监督保障:透明与问责

问责与透明是善治的重要特征,也是权力监督的保障因素。《联合国反腐败公约》第5条规定"国家法律制度中要强调关键问题的透明与问责的重要性",显然,权力监督需要程序透明和责任明确。

(一) 透明度

透明是反腐的必要条件,甚至成为反腐的标志和目标,如"国际透明组织"(Transparency International),简称TI,是一个非政府、非盈利、国际性的民间组织,创办于1993年,总部设在德国柏林,是对腐败问题研究最权威、最全面和最准确的国际性非政府组织。该组织以"透明"冠名,可见反腐败中透明度的重要

---

① 孙冰玉:《高校决策执行力构成要素与提升途径》,《人民论坛》2011年第3期。

意义。执行监督要求在工作方式上必须确保信息反馈渠道的畅通，这就要求执行程序的透明。透明是对权力运行的重要程序保障，自然，在决策程序、执行程序、监督程序等方面都需要有相应的透明度。

透明意味着清晰、诚实和公开。透明是指这样一项原则——"那些受行政决策影响的人应当被告知"，"公务员、管理者和受托人职责的履行应当是可视的、可预测的和可理解的"。因此，透明度包括"可获取、相关度、高质量和可靠性，并及时、可靠地反映经济、社会、政治信息流动的提速情况。透明度使机构和公众做出明智的政治决定，它提高了政府的责任感，并缩小了腐败发生的范围。透明度对经济而言也是关键的，有助于改善资源配置、提升效益、拓宽发展前景。①

对大学治理监督而言，透明度不仅取决于信息有效性，而且取决于学校所有利益相关者如何更好地获取和理解信息。进而言之，透明度是利益相关者（学校校长、学校委员会、家长、学生和当地社区）对教育资源（财务、物质资源和人力资源）的分配基准以及如何使用的理解程度。换句话说，教育透明度，需要在资源流转的可视度、可预见性和可理解度之基础上进行评价。因此，权力运行的透明原则首先要求，关于教育资源流动要有能为利益相关者所易于理解和便于获取的清晰信息，从中央到资源使用实体（即学校）。不幸的是，实践表明，利益相关者很少掌握资源流动的方式。公职人员自己也不总是有一个明确的想法，他们是如何工作的，特别是在有许多行政级别的大国家，这些国家的利益相关者（如当地社区和私营部门）的参与尚没有得到很好的界定。而在信息的理解方面，提高教育的透明度产生了在各级教育系统的大量培训的需要，特别是在生产、分析、传播和理解信息方面。

信息的及时有效公开，不仅可以保证权力人的合法权益，对权力自身来说，也是一种约束和克制。美国公立高校的信息公开制度，是其内部立法中的重要内容，也是高校管理的重要特点之一。美国公立高校的信息公开可以分为两种类型：主动公开和依申请公开，相关群体可以依程序获取。从信息公开内容方面看，涉及行政信息、学术信息、教师信息和学生信息等诸多方面。高校根据程

---

① Jacques Hallak, Muriel Poisson. Corrupt schools, corrupt universities: What can be done. http: //unpan1. un. org/intradoc/groups/public/documents/UNESCO/UNPAN025403. pdf.

序对这些信息进行及时更新,以接受相关群体和个人的监督。①

2010年4月6日,我国教育部颁布了《高等学校信息公开办法》(以下简称《办法》),并于同年9月1日起正式实施。这是我国第一部专门调整公共企事业单位信息公开工作的部门规章。该办法的出台,不但明确规定了高校信息应对社会公众公开,使高校信息公开工作走上法治化的道路,而且对于其他公共服务领域的信息公开立法工作具有一定的指导和借鉴意义。教育部办公厅关于施行《办法》的通知中指出要紧密结合高校实际和特点,认真做好贯彻实施《办法》的各项工作,要求高校充分发挥网站快速、便捷的优势,努力把学校网站建成信息公开的"第一平台"。该平台落实信息公开的情况直接决定着高校信息公开的成效。

高校门户网站对高校信息公开平台提供的超级链接形式和高校信息公开平台的名称,是公众对高校信息平台的第一感知,也影响到公众获取高校信息的便利性。高校门户网站对高校信息公开平台提供的超级链接形式主要可以分为仅提供文字链接,仅提供图片链接,提供文字和图片链接以及首页无链接。目前,一些需要改变专门信息公开平台设置存在的问题,如链接很小不易找到、没有设置在门户网站首页等,以便给公众查找带来便利。

除了信息公开制度,透明度的提升还需要完善公众参与制度。公众参与是把公众的关心、需求和价值纳入到组织的决策过程。理想状态下,机构组织的公众参与具有以下特征:(1)参与是广泛的;(2)应该被告知;(3)对参与公众具有教育性;(4)对机构决策产生有用的信息;(5)被有效地实施。②其中,公告制度是开启公众参与之门,公告不及,遑论参与。公众是否得到了充足的告知也是民主决策之公正价值的主要体现。就现状而言,形式公告近在咫尺,实质公告却远在天涯。进言之,公告作为公众参与制度的程序表征,其象征意义远远大于现实意义,其实质要义长期不被关注和追问。公告虽是一项程序性权利,但也会对公众尤其是利益相关者的权利义务产生影响,是保证实体权利义务内容得以实现的过程行为。为此,实质公告应包括信息公开与反馈两方面。公开

---

① 姚金菊:《美国高校信息公开研究》,《行政法学研究》2010年第4期。

② Reeve T. Bull: Making the Administrative State "Safe For Democracy": A Theoretical and Practical Analysis of Citizen Participation in Agency Decisionmaking, Administrative Law Review, 2013, 65(2).

或公布，是将事情的内容暴露于大众，完全不隐蔽。形式公告只是做到了信息的公开，虽符合法定程序却不能保障公众的真正参与和受影响群体的合法权益，不能充分体现公告应有的程序正义。实质公告除法定性与公开性之外，还应具备周知性和非单向性的特点。公告的周知性意即公告内容为大众所知晓，若公告后信息仍不为公众所了解，则不能称之为实质公开。

（二）问责制

创办成功的大学需要一个支持性的内部治理结构，在其中，大学有实现目标的自主权，无论是教学还是研究，都带有适当的责任要求。关键问题是在大学自治和责任之间找到平衡。挑战是，责任多大是最优化的，责任过大阻碍了改革和自治目标的实现。责任仅仅对学校在一定程度上有权以一种自治和负责任的方式运作是有意义的。

责任概念具有模糊、不稳定性。美国学者保罗·德莱赛尔曾经这样认识问责的本质：问责意味着负责任地展示绩效成果，包括如何通过合法合理的方式正确利用组织所拥有的资源实现其预设目的。[①]一般意义上责任一词有三重含义：一是指有义务作为或不作为之事；二是指一定的行为主体须对自身行为负责；三是指违背义务的行为要受到相应的追究和制裁。根据组织职能分定的需要，责任又可区分为决策责任、执行责任与监督责任三类。权力是政府的基础，责任则是对权力的限制与指向。在公共治理中，责任是指政府、私人组织、市民社会组织的决策者应对公众、机构和利益相关者负责任。通常有财政责任、政治责任和行政责任三个维度，以及四个责任模型：官僚责任模型，责任主要在于是否遵守法律法规；职业或专业责任模型，责任看是否坚持职业道德；绩效基础责任模型，其责任以学习为标准；市场责任模型，市场责任重在质量保障。[②]在代议制民主政体下，责任包括两方面：一方面是一些官员需要另一些官员行为具有合法性（通常是人民选出来的立法者监督一些被任命或考试录用的官员）；另一方面，地方政府机构更需要对人民负责或者人民应给予对自己负责的机会。

---

① Paul L. Dressel, ed., The Autonomy of Public Colleges. San Francisco: Jossey-Bass, 1980, P. 13.

② Jacques Hallak, Muriel Poisson. Corrupt schools, corrupt universities: What can be done. http://unpan1.un.org/intradoc/groups/public/documents/UNESCO/UNPAN025403.pdf.

　　责任是与权力相对应的概念,为保障权力规范运行,不能有权无责,而且需要权责相当。问责是追究责任的一种机制,是指一方对另一方行为的正当性或解释的需求,基于第二方的表现或解释给予表扬或惩罚。罗姆泽克根据问责对象自主程度高低和绩效评价标准来源,将问责形式分为四种:官僚问责、法律问责、专业问责和政治问责。①官僚问责又称行政问责,是指问责对象受到严密监督,拥有较低自主性,同时面对内部控制,是监督—从属关系,一般适用于稳定的环境且简单的管理结构。在这种方式下,管控来自科层结构顶层或上级管理者。法律问责意味着主体行为要和业已形成的法律法规相一致,其逻辑是委托—代理关系,问责标准关注代理方行为表现是否符合委托方的期待,一般在具体调查中运用,如立法监督、财政或项目审计等。专业问责和政治问责的对象均拥有较大自由裁量权,两者的区别在于问责标准来源不同,前者依据内部标准和判断,后者对照外部标准。专业问责一般适用于拥有较高自主权的个体或机构,如英美澳等国家高等教育问责制度逐渐回归专业问责,主要通过发挥专家监督和同行评估来实现质量保障和使命达成,侧重于学校内部控制与专家决策。

　　在现代国家,问责制的真正作用,必须在构成自我治理基本机制的行政等级的复杂机构中寻找。问责是一种由上级控制下属的手段,是上级部门特别是最高级领导层制定颁布政策的一种手段和行动。它不是唯一的监督手段,然而,在执行监督中是不可或缺的。问责对大学自治可能带来冲击,甚至一度被认为问责的出现在某种程度上危及大学自治的合法地位。但问责并非是自治的悖论,相反,问责与大学自治如同孪生兄弟,因独立存在的自治权力的扩展和延伸对于个人、组织或者群体来说往往就意味着责任和问责。②换言之,大学自治的存在也正是出现高等教育责任和问责的根本原因。平衡问责与自治,要求问责制的确立与实施须在保证大学自治权力的基础上合理进行,使大学能够在问责制下的自治环境中仍然保持成功,并且允许大学自由释放自身的能量,管

---

① Romzek B S. Dynamics of Public Sector Accounta-bility in an Era of Reform, Internationa Revie of Administrative Sciences, 2000, 66(1).

② T. R. McConnell. Autonomy and Accountability: Some Fundamental Issues; Philip G. Altbach and Robert O. Berdahl: Higher Education in American Society, New York:Prometheus Books, 1981, pp. 39~57.

理自己所拥有的各种充实的资源并实现大学自身所确立的复杂的目标。鉴于此，对问责的理解，需要我们确定，它作为一种治理工具何时使用、何时不使用、为什么选择使用，这样的问题对大学内部治理的绩效是至关重要的。

问责通常包含两个因素：一是位阶或等级关系；二是上级监督下级的标准。在一个行政层级体系内，这些关系是确定的，每个决策者通常知道将监督其做出决定的特定个人或群体，监督一般也能更频繁、迅捷地得到执行。因此，一个行政层级通常是一个问责链，问责理念是层次结构的构建及运作的一个重要特征。责任认定的第二个因素是适用标准。这个标准可以是程序性的或是实体性的，即它可以指明一个决策过程或决策所指向的预期结果。其中，程序标准将指导权力行使者怎样执行任务，实体标准则告诉相关责任人预计达到什么样的结果。问责的第一要素——层级关系，创建了组织治理结构，第二要素——界定标准，则构筑了治理模式的内容。当然，上级为下属设定了一个标准，看似已赋予其控制某些事项的明确权力，但事实上，执行者通常被授予自由裁量权，因为上级难以控制什么程序将产生预期结果，或认为下属已经知道这些程序。为减少执行中的裁量空间和任意性，基于行政层级关系，上级尽可能具体化下属的工作任务与目标，便于考核与问责。对大学高校运行而言，因为大学治理的复杂性，可能出现各种无法预计的情况，授予自由裁量权是不可避免的，也是必需的，但亦需要固化权力运用的标准，尽量压缩权力的自由掌握空间。权力拥有者滥用权力主要是因为个人拥有对权力掌握使用的自由空间，或者说有自由裁量的权力。从一定意义上讲，这种空间越大，违法滥用进行谋利交易的机会就越大。因此，控制个人运用权力的空间也是对他们合理使用行政权力的制约。

问责的程序标准和实体标准之间的重要区别在于，前者是机构内部的，后者机构外部的。也就是说，一个程序标准规定的要求，可通过仅考虑该机构本身的运作进行观察和评估，而一个实质性标准规定的要求，只能通过看外部机构进行观察和评估。[①]这就是教育主管部门对高校的绩效评估和问责的逻辑基础。但实际上，这种区分对大学内部治理意义不显，自上而下的层级监督也采

---

① Reehana Paza. Examing Autonomy and Accountability in Public and Private Tertiary Institution, Human Development NET work, November 2009.

用绩效考核与问责,无论是程序标准或实体标准的评判,都可以在大学内部治理体系内实施。相比之下,程序标准更容易操作和控制,而实质标准则过于复杂,因此,在问责监督中,优化程序标准的内容凸显其功能,似乎是一个很有前途的方法。

问责是美国当代高等教育文献中出现频率最高的术语之一,问责制在美国高等教育发展中发挥了重要作用。时至今日,美国政府和教育的关系已经发生了巨大变化,政府身份经历了由"局外人"到"资源提供者",再从"内部事务监督者"到"问责要求者"四个不同的角色。①富有挑战性的教育目标以及严格的问责措施,使得全美高等学校都处于从未有过的巨大压力之下。为平衡问责与自治,美国一些州政府赋予了州公立大学的宪法地位,公立大学已经成为政府的第四个权力部门,与立法机构、司法机构、行政机构一样享有宪法权威,以保障大学教师和学生的学术自由权力不受到侵犯。②

问责制度是为了更有效地实现大学的资源管理和良好的管理决策。当前我国的大学治理,不仅面临着负责制中"责任"方向不明的问题,而且也存在着严重的"责任"内容不清的问题,即校长的行政权力不自主,更多的被党委会事无巨细的决策所涵盖和泯灭。党委领导下校长负责制的清晰关系应当是一种权力的上下、决策与执行的关系。但在现实中,这种模式却更多地演变成分工平行的关系。平行分工各管一方,看似分权,但这种分工式的分权绝非政治学意义上的分权。一种体制的分权意在权力的平衡与制约,防止权力独断专行而腐败。仅仅是分工式的分权,往往导致分别专断,甚至官官相护,相互包藏,无法形成制约关系。③由此,问责是必须的。权力受其本性使然,若无责任的制约,就是特权,就注定会恣意妄为。在法治社会里,法律为权力滥用与腐败设置障碍的机制之一就是给国家权力设定法律责任,权力的授予、运行必须以法律责任的规定为前提,有权力必有责任,坚持职责本位,做到权责一致。现实中有的高校缺乏责任制追究的相关规定,对于责任追究的对象、内容、程序等方面没

---

① 庞青山:《大学学科论》,广东教育出版社2006年版。转引自远方:《美国公立高校内部立法与权力分配机制研究》,《大学教育》2016年第6期。

② 姚峥嵘、沈仲丹:《高等教育问责制:美国的经验及启示》,《江海学刊》2012年第3期;张少华:《大学自治与问责:美国的经验》,《大学教育科学》2007年第4期。

③ 杨克瑞:《中国高校的权力结构与监督模式》,《清华大学教育研究》2010年第2期。

有进行明确界定,使得责任追究缺乏相应的依据。高校党委与校长、党委与纪委、党委领导班子内部权责界限模糊,导致责任追究对象不明确,责任追究制度不健全,责任追究程序不完善,责任追究标准不规范,责任追究力度不够,都严重影响当前高校责任追究的实效。

有责必查、失责必问、问责必严是全面从严治党的关键。党内问责,是指对各级党员领导干部失职失察失范行为造成的不良后果进行依规追究的活动。2016 年 6 月《中国共产党问责条例》的出台,实现了由党内文件到党内法规的升级转化,为党内问责提供了规范依据,实现了问责范围从笼统到精细化。准确把握党内问责条例的问责主体、适用范围、启动程序、结果处置等,是建立问责机制的重要前提。条例坚持问题导向,对于失职失责造成严重后果、群众反映强烈、损害党执政的政治基础的都要严肃追究责任,既追究主体责任、监督责任,又追究领导责任。要把责任压给各级党组织,分解到组织、宣传、统战、政法等党的工作部门,释放有责必问、问责必严的强烈信号。这一条例同样为规范高校党委正确行使权力承担责任提供了新的有力的规范依据和保障。

除了问责,激励机制对一个组织的发展也具有重要意义。激励是减少监督成本,防范腐败的良好措施。腐败常常取决于可预见的决策与执行成本,比如被发现的可能性;在贿赂巨大的情形下,可能导致一个昂贵的监督体系,因此,需要设置一个激励机制,来预防监督者的腐败行为发生。人是生产力中最活跃的因素,对一个组织的目标实现来讲,如果不能很好地对组织内成员开展和实施激励,很难调动成员在工作过程中的积极性,进而影响到组织目标的实现程度。激励机制的作用和意义对任何类型的社会组织来讲都是一样的,公立大学也不例外。激励在《辞海》中的解释为鼓动、激发使之振奋或振作。英文源自拉丁文,意思是作为(某人)行为的动机;使(某人)以某种方式行事;激发某人的兴趣;使欲做某事。现代学者对激励的研究起始于心理学,认为激励的实质在于诱导个体的某种行为动机,让动机驱使个体采取或不采取某种行为。从根本上来讲,激励是指通过精神或物质的刺激,激发人们的工作动机,使人朝着组织所希望的目标和方向前进的一个过程。[1]激励与约束都是管理的手段,手段发挥

---

① 张端鸿:《中国公立大学法人治理结构研究——以 A 大学为例》,复旦大学 2013 年博士学位论文。

作用的载体是机制,对组织而言,只有在管理实践中建立并形成一种有效的管理激励机制时,激励手段的作用才能够真正发挥出来,进而促进组织目标得以实现。大学应致力于决策参与、培训晋升、提高薪酬等方面的机制健全和完善,如创建在任职、晋升、酬金方面的激励与透明度;以绩效为基础的更合理的酬金制度,绩效评价标准、人事选择与晋升的透明度,内部培训和人力资源发展制度等。

最后,还需要提出的是,规范权力运行、防范腐败发生还需要构筑监督之监督或再监督的理念和制度。程序透明,可以保障监督人员不受污染,但由于监督者(管理者)与执行者之间的利益冲突和目标多样化,可能发生监督者虽然发现了欺诈或骗局,但没有汇报而是接受了腐败者的贿赂的情形,由此,监督低效问题很难通过控制机制被发现,因而我们仍需要强调监督之监督的重要价值和现实意义。希冀本课题的研究能推动学界和事务部门对相关领域特别是对监督之监督或再监督问题的进一步研究和探索。

主要参考文献

（一）中文著作类

[1] 德里克·博克.美国高等教育[M].乔佳义,译.北京:北京师范大学出版社,1991.

[2] 雅克·勒戈夫.中世纪的知识分子[M].张弘,译.北京:商务印书馆,1996.

[3] 约翰·S.布鲁贝克.高等教育哲学[M].王承绪,郑继伟,张维平,等译.杭州:浙江教育出版社,2001.

[4] 戴维·米勒,为农·波格丹诺.布莱克维尔政治学百科全书[M].邓正来,译.北京:中国政法大学出版社,1993.

[5] 弗兰斯·F.范富格特.国际高等教育政策比较研究[M].王承绪,译.杭州:浙江教育出版社,2001.

[6] 罗素.社会改造原理[M].张师竹,译.上海:上海人民出版社,2001.

[7] 詹姆斯·杜德斯达.世纪的大学[M].刘彤,等译.北京:北京大学出版社,2005.

[8] 伯顿·克拉克.高等教育系统——学术组织的跨国研究[M].王承绪,等,译.杭州:杭州大学出版社,1994.

[9] 玛·丽亨克尔,布瑞达·里特.国家、高等教育与市场[M].谷贤林,等,译.北京:教育科学出版社,2005.

[10] 弗里德里希·包尔生:《德国大学与大学学习》[M],张弛,等,译.北京:人民教育出版社2009版.

[11] 哈特穆特·毛雷尔.行政法学总论[M].高家伟,译.北京:中国政法大

学出版社,2000.

[12]迈克尔·夏托克.高等教育的结构与管理[M].王义端,译.上海:华东师范大学出版社,1987.

[13]马克斯·韦伯.经济与社会(第2卷,上册)[M].阎克文,译.上海:世纪出版集团,上海人民出版社,2005.

[14]克里斯托弗·福尔.1945年以来的德国教育:慨览与问题[M].肖辉英,等,译.北京:人民教育出版社,2002.

[15]卡洛斯·桑迪亚戈·尼诺.慎议民主的宪法[M].赵雪纲,译.北京:法律出版社,2009.

[16]夏尔·德巴什.行政科学[M].葛智强,施雪华,译.上海:上海译文出版社,2000.

[17]安东尼·唐斯.官僚制内幕[M].郭小聪,等,译.北京:中国人民大学出版社,2006.

[18]马克斯·韦伯.经济与社会(第1卷)[M].阎克文,译.上海:上海人民出版社,2010.

[19]托马斯·戴伊.谁掌管美国[M].张维,等,译.北京:世界知识出版社,1985.

[20]丹尼斯·朗,陆震纶.权力论[M].郑明哲,译.北京:中国社会科学出版社,2001.

[21]孙霄兵.中国特色现代大学制度建设研究[M].北京:教育科学出版社,2012.

[22]姜明安.软法与公共治理[M].北京:北京大学出版社,2006.

[23]湛中乐.通过章程的大学法人治理[M].北京:中国法制出版社,2011.

[24]郭为藩.转变中的大学[M].北京:北京大学出版社,2006.

[25]张慧明.中外高等教育史研究[M].长沙:湖南大学出版社,1998.

[26]金耀基.大学之理念[M].北京:生活·读书·新知三联书店,2001.

[27]周丽华.德国大学与国家的关系[M].北京:北京师范大学出版社,2008.

[28]贺国庆,王保星,朱文富.外国教育史[M].北京:人民教育出版社,

2006.

[29] 和震. 美国大学自治制度的形成与发展[M]. 北京:北京师范大学出版社,2008.

[30] 张楚廷. 高等教育学导论[M]. 北京:人民教育出版社,2010.

[31] 张德祥. 高等学校的学术权力与行政权力[M]. 南京:南京师范大学出版社,2002.

[32] 陈国权,谷志军. 决策、执行与监督三分的内在逻辑[J]. 浙江社会科学,2012(4).

[33] 刘作翔. 廉政与权力制约的法律思考[J]. 法学研究,1991(5).

[34] 朱福惠. 我国公立大学内部治理结构的"去行政化"探讨[C]. 中国会议——通过章程的大学治理,2011.

[35] 罗豪才,宋功德. 认真对待软法——公域软法的一般理论及其中国实践[J]. 中国法学,2006(2).

[36] 张文显. 建设中国特色社会主义法治体系[J]. 法学研究,2014(6).

[37] 徐显明. 大学理念论纲[J]. 中国社会科学,2010(6).

[38] 牛维麟. 现代大学章程与大学管理[J]. 中国高等教育,2007(11).

[39] 湛中乐. 现代大学治理与大学章程[J]. 中国高等教育,2011(9).

[40] 周光礼. 中国大学办学自主权(1952—2012):政策变迁的制度解释[J]. 中国地质大学学报(社会科学版),2012(3).

[41] 刘莘,杨波,金石. 论大学自治的限度[J]. 河南社会科学,2005(9).

[42] 孙霄兵. 推进高校章程建设,完善中国特色现代大学制度[J]. 中国高等教育,2012(5).

[43] 崔卓兰. 高校决策管理法制化研究——以学术权力与行政权力均衡配置为视角[J]. 社会科学战线,2012(5).

[44] 毕宪顺. 高校学术权力与行政权力的耦合及机制创新[J]. 教育研究,2004(9).

[45] 钟秉林,赵应生,洪煜. 中国特色现代大学制度建设——目标、特征、内容及推进策略[J]. 北京师范大学学报(社会科学版),2011(4).

[46] 王锡锌. 我国公共决策专家咨询制度的悖论及其克服——以美国《联

邦咨询委员会法》为借鉴[J].法商研究,2007(2).

[47] 周光礼.重构高校治理结构:协调行政权力与学术权力[J].中国高等教育,2005(19).

[48] 刘庆东.高校决策执行监督机制研究[J].黑龙江教育(高教研究与评估),2011(8).

[49] 方世荣.论行政权力的要素及其制约[J].法商研究,2001(2).

[50] 刘献君.论大学内部权力的制约机制[J].高等教育研究,2012(3).

[51] 湛中乐,徐靖.通过章程的现代大学治理[J].法制与社会发展,2010(3).

[52] 湛中乐,高俊杰.大学章程:现代大学法人治理的制度保障[J].国家教育行政学院学报,2011(11).

[53] 毕宪顺.重构政府与高校关系落实高校办学自主权[J].山东工商学院学报,2003(5).

[54] 程刚.论教育腐败[J].浙江社会科学,2009(10).

[55] 尹晓敏.透明度、权力监督与高校腐败治理[J].高等教育研究,2012(10).

[56] 郑毅.在自治与自主之间——论我国大学章程的价值追求[J].法学论坛,2012(5).

[57] 朱家德.大学有效治理:西方经验及其启示[J].高等教育研究,2013(6).

[58] 和震.大学自治研究的基本问题[J].清华大学教育研究,2005(6).

[59] 陆俊杰.大学章程的法治品格[J].中国高教研究,2011(8).

[60] 于晓光,宋慧宇.论高等教育系统学术权力与行政权力和谐关系之建立[J].吉林师范大学学报,2009(5).

[61] 张家勇,张家智.联合国国际教育规划研究所"教育伦理和教育腐败"专题研究综述[J].比较教育研究,2006(5).

[62] 李红伟,石卫林.大学章程关于学术制约机制的规定——基于美、英、德三国大学章程的文本比较[J].高等教育研究,2013(7).

[63] 崔延强,邓磊.论大学的学术责任——现代大学学术研究的四重属性

[J].教育研究,2014(1).

[64] 李海莉,马凤岐.大学自治的演变及其有限性[J].理工高教研究,2010(2).

[65] 王建华.重思大学的治理[J].高等教育研究,2015(10).

[66] 李立国.国家治理视野下的中央教育行政机构职能分析[J].清华大学教育研究,2014(12).

[67] 王宝玺.法国大学自治演进分析[J].高教研究与实践,2010(9).

[68] 孙贵聪.西方高等教育管理中的管理主义述评[J].比较教育研究,2003(10).

[69] 马陆亭,陈浩.法国高等教育契约管理模式探究[J].新疆师范大学学报(哲学社会科学版),2016(2).

[70] 王秀丽.从教授治校走向共同治理[J].黑龙江高教研究,2012(1).

[71] 于文明.深化我国公立高校内部治理结构改革的现实性选择——基于多元利益主体生成的视角[J].教育研究,2010(6).

[72] 王亚杰.美国大学治理对中国特色现代大学治理体系建设的启示[J].中国高教研究,2014(9).

[73] 王战军,肖红缨.大数据背景下的院系治理现代化[J].高等教育研究,2016(3).

[74] 刘香菊,周光礼.大学章程的法律透视[J].现代教育科学,2004(6).

[75] 王晓辉.法国大学章程综合研究[J].研究动态,2007(12).

[76] 范文曜,张家勇.大学章程的治理意义——英国大学章程案例研究[J].理工高教研究,2008(12).

[77] 刘承波.大学治理的法律基础与制度架构:美国大学章程透视[J].国家教育行政学院学报,2008(5).

[78] 李福华.大学治理与大学管理:概念辨析与边界确定[J].北京师范大学学报,2008(4).

[79] 王晓燕.国立日本大学法人化改革中的大学章程建设——以《东京大学宪章》为例[J].全球教育展望,2009(4).

[80] 陈立鹏,杨阳.大学章程法律地位的厘清与实施机制探讨——基于软

法的视角[J].中国高教研究,2015(2).

[81]钱晓红.我国高校规章的法治化选择[J].中国高等教育,2007(6).

[82]王立峰.高效权力的法治观照[J].复旦教育论坛,2006(3).

[83]陈鹏,刘献君.我国公立高等学校法人治理结构的缺陷与完善[J].教育研究,2006(12).

[84]李福华.利益相关者理论与大学管理体制创新[J].教育研究,2007(7).

[85]顾建民.大学有效治理及其实现机制[J].教育发展研究,2016(19).

[86]杨克瑞.中国高校的权力结构与监督模式[J].清华大学教育研究,2010(2).

[87]曲雁.高校权力运行的内部监督机制研究[J].学术交流,2014(1).

[88]单畅,齐兰.高校纪委履行监督责任新模式探究[J].理论月刊,2016(5).

[89]陈玲玲.论"两个责任"体制下高校纪委工作的转型[J].中共山西省直机关党校学报,2015(6).

[90]戴井岗.落实好高校纪委的监督责任[N].光明日报,2015－06－09(013).

[91]陆晓云.高校纪委双重领导体制科学实施研究[J].学理论,2013(33).

[92]陈潮光.论高等学校监察工作的特殊性及监察机制的完善[J].华南理工大学学报(社会科学版),2007(8).

[93]张孟英.新时期高校监察工作的困境及对策[J].成都理工大学学报(社会科学版),2012(1).

[94]蒋建宏.基于大学治理视角的高校内部审计监督机制研究——以澳大利亚国立大学为例[J].学术论坛,2014(11).

[95]王彤.高校内部审计转型:目标导向与路径选择[J].中国内部审计,2011(11).

[96]张娜.高校审计机构设置与职能发挥之我见[J].中国集体经济,2014(18).

[97]郑曙村.建立决策、执行、监督制约与协调机制的维度及构想——兼与"行政三分制"论商榷[J].四川行政学院学报,2010(5).

[98]檀慧玲.比较视野下中国大学决策权力运行机制研究[J].国家教育行

政学院学报,2014(5).

[99] 张胤,武丽民."行政主导"到"学术为本、权力共治"——从《高等学校学术委员会规程》看中国高校治理结构[J].江苏高教,2015(1).

[100] 祁占勇.高等学校法人治理结构中的权力制衡模式及其内涵[J].高等教育研究,2016(3).

[101] 马陆亭.大学章程地位与要素的国际比较[J].教育研究,2009(6).

[102] 刘虹,张瑞鸿.大学章程治理要素的国际比较[J].复旦教育论坛,2012(3).

[103] 张斌.教授治学的意义及实现途径[J].教育评论,2009(1).

[104] 蒋达勇.科学决策体系:完善高校内部治理的战略抓手[J].现代教育管理,2012(12).

[105] 杨凤英,毛祖桓.美国高校教师权利的维护——以美国大学教授协会活动为例[J].比较教育研究,2008(2).

[106] 肖京林.高校决策执行偏差的制度分析[J].江苏高教,2014(6).

[107] 石火学.教育政策执行的概念、属性与内在价值[J].江苏高教,2012(5).

[108] 王志坤.试论执行监督[J].法学杂志,2008(2).

[109] 孙冰玉.高校决策执行力构成要素与提升途径[J].人民论坛,2011(3).

[110] 李威,查自力.美国加州地区高等教育公共治理结构的特征研究——基于州教育法案和大学章程的分析[J].现代教育科学,2016(1).

[111] 刘继安.世界一流大学的基本特征[N].中国教育报,2002-03-12(4).

[112] Jef. C. Verhoeven.从欧洲三个国家看大学与国家关系的变化[J].郭歆,译.清华大学教育研究,2003(5).

[113] Stephen P. Heyneman, Kathryn H. Anderson, Nazym Nuraliyeva.高等教育腐败的代价[J].刘培,译.复旦教育论坛,2009(4).

[114] 李卫东.大学内部重点建设——对一种大学组织行为的研究[D].华东师范大学2010年博士学位论文.

[115] 杜倩博.官僚制与自主权:政府部门决策、执行、监督权三结构优化[D].复旦大学2013年博士学位论文.

[116] 张端鸿.中国公立大学法人治理结构研究——以A大学为例[D].复旦大学2013年博士学位论文.

(二)英文著作类

[117] Arthur M. Ceohen. The Shaping of American Higher Education: Emergence and Growth of the Contemporary System [M]. San Francisco:Jossey—BassPublishers, 1998.

[118] Shinichiro Tanaka. Corruption in Education Sector Development: A Suggestion for Anticipatory Strategy [J]. The International Journal of Educational Management, 2001, 4(15).

[119] Robin Middlehurst. Changing Internal Governance: A Discussion of Leadership Roles and Management Structures in UK Universities [J], Higher Education Quarterly, 2004, 58(4).

[120] Thomas Estermann, etc.. University Autonomy in Europe II [Z], European University Association, 2011.

[121] Jen Chr. Andvig, Odd—Helge Fjeldstad. Research on Corruption: A Policy Oriented Survey [R]. Commissioned by NORAD, Final Report, December 2000.

[122] Philip G. Altbach. The Question of Corruption in Academe. International Higher Education [R], Winter 2004. http: //www. bc. edu/bcorg/avp/soe/cihe/newsletter/News 34/text004. htm.

[123] C. Kerr & M. Gade. The Many Lives of Academic Presidents: Time, Place and Character [M]. Washington, D. C.: Association of Governing Boards of Universities and Colleges, 1986.

[124] Richard C. Richardson, etc.. Higher Education Governance: Balancing Institutional and Market Influences [R]. http: //www. highereducation. org/ reports/ governance/governance. pdf.

[125] James E. Mauch. Reforms and Change in Higher Education: International Perspective[M]. New York: Garland Publishing, 1995.

[126] Beate Koch, Rainer Eising. The Transformation of Governance in the European Union [M]. London: Routledge, 1999.

[127] Robert Birnbaum. The end of shared governance: Looking ahead or looking back[J]. New Direction For Higher Education. Fall 2004(127).

［128］Jason Marisam. Dupiicative Delegations［J］, Administrative Law Review, 2011, 63(1).

［129］John Rawls. Political Liberalism［M］. Columbia University Press, 1995.

［130］Reeve T. Bull. Making the Administrative State "Safe For Democracy": A Theoretical and Practical Analysis of Citizen Participation in Agency Decisionmaking［J］. Administrative Law Review, 2013, 65(2).

［131］Leo Goedegebuure, Harry de Boer. Governance and Decision-Making in Higher Education: Comparative Aspects［J］. Tertiary Education and Management, 1996, 2(2).

［132］Sue Kater, John S. Levin. Shared Governance in the Community College［J］. http://arizona. openrepository. com/arizona/bitstream/10150/280287/1/azu_td_3089958_sip 1_m. pdf.

［133］Edward Suchman. Evaluation Research［M］. NewYork: Russell Sage, 1967.

［134］Jacques Hallak, Muriel Poisson. Corrupt Schools, Corrupt Univerisities: what can be done?［R］. International Institute for Educational Planning 2007.

［135］Reehana Paza. Examing Autonomy and Accountability in Public and Private Tertiary Istitution［R］, Human Development NET work, November 2009.

［136］Haastrup T. Ekundago, M. O. Adcdokun. The Unresolved Issue of Universities Autonomy and Academic Freedom in Nigerian Universities［J］. Humanity and Social Sciences, 2009, 4(1).

索　引

后　记

　　我是浙江科技学院的一名教师,本书是浙江省哲学社会科学规划课题"健全权力运行制约和监督机制研究"成果。权力监督与制约一直以来是政治学、法学、公共管理学等多学科的研究重点,既有成果为本课题的研究提供了丰富的研究资料和有益的思维借鉴。因此,于我而言,本课题的研究也是一次非常宝贵的学习经历。

　　拙作以遏制高校腐败,提高大学竞争力为切入点,放眼于世界范围的大学自治,收敛于我国现代大学治理的内部监督制约机制建设,集中梳理与分析了大学自治、章程治理、治理结构,专门监督、民主监督、执行监督等专题,着重对章程实施、专门监督机构、民主决策机制、执行监督与监督保障等内容进行了颇为深入的思考和探究。因本人理论功底不足、论证思路与技巧欠缺以及文字表达能力有限,缺点乃至谬误都在所难免。为此,期望得到读者的宽容、批评与指正。

　　岁月匆匆,这些年来因为本人所致力的课题方向不同,主题难以聚焦,期间又出国访学,使得本课题的研究持续数年。在本书付梓之际,我要向所有在本书写作与出版过程中给予关心和帮助的人表示衷心的感谢!

顾建亚
2016 年 9 月 30 日

图书在版编目（CIP）数据

现代大学治理的内部监督制约机制研究 / 顾建亚著. -- 杭州 : 浙江大学出版社，2017.4

　ISBN 978-7-308-16557-0

　Ⅰ.①现… Ⅱ.①顾… Ⅲ.①高等学校－学校管理－研究

Ⅳ.①G647

　中国版本图书馆CIP数据核字(2016)第307159号

現代大学治理的内部监督制约机制研究

顾建亚　著

责任编辑	冯社宁　赵　静
责任校对	杨利军　牟杨茜
封面设计	鹿鸣文化
出版发行	浙江大学出版社
	（杭州市天目山路148号　邮政编码310007）
	（网址：http://www.zjupress.com）
排　　版	杭州兴邦电子印务有限公司
印　　刷	杭州日报报业集团盛元印务有限公司
开　　本	710mm×1000mm　1/16
印　　张	9.75
字　　数	150千
版 印 次	2017年4月第1版　2017年4月第1次印刷
书　　号	ISBN 978-7-308-16557-0
定　　价	30.00元